Un pueblo salvo

VIVIENDO LO QUE CREEMOS
Volumen 2

Un pueblo salvo

Incluye la guía del líder para GRUPOS PEQUEÑOS por Ben Wiles

Lee Roy Martin

Todas las citas bíblicas usadas han sido tomadas de la Santa Biblia, versión *Reina-Valera*®, Sociedades Bíblicas Unidas, 1960. Todos los derechos reservados.

Foto de cobertura por Storm/stock.adobe.com.

ISBN: 978-1-940682-67-9

Impreso en los Estados Unidos de Norteamérica.

TABLA DE CONTENIDO

RECONOCIMIENTOS

Deseo agradecerle al Dr. O. Wayne y a la Rev. Pamela R. Brewer, quienes sirven como directores del Discipulado de Varones y el Discipulado de Mujeres, respectivamente, por invitarme a ser uno de los escritores contribuyentes a la serie Viviendo Lo que Creemos. Wayne y Pamela creen firmemente en el poder de la Palabra de Dios para cambiar vidas.

El origen y la forma que ha tomado este proyecto se debe también en gran manera al Rev. Ben Wiles. El Señor le ha dado a Ben una carga para enseñarles a los pastores y laicos los aspectos importantes de nuestra fe. **Él insiste** que una fe genuina se vive así cada día.

Aprecio a mi esposa Karen (jubilada como maestra de inglés de la escuela secundaria) por leer y corregir mi manuscrito con el acostumbrado entusiasmo y estímulo. También aprecio la labor editorial realizada por Lenae S. Simmons, quien funge como la secretaria ejecutiva del Discipulado de Adultos de la Iglesia de Dios.

El contenido de este volumen le debe mucho a las siguientes obras de escolaridad:

Daniel L. Akin, David P. Nelson, y Peter R. Schemm, *A Theology for the Church* (Nashville, TN: B & H Academic, 2007).

French L. Arrington, *Exploring the Declaration of Faith* (Cleveland, TN: Pathway Press, 2003).

Kenneth J. Collins, *The Theology of John Wesley: Holy Love and the Shape of Grace* (Nashville, TN: Abingdon Press, 2007).

R. Hollis Gause, *Living in the Spirit: The Way of Salvation* (Cleveland, TN: CPT Press, Rev. and expanded edn, 2009).

—Lee Roy Martin

PRÓLOGO

¿Por Qué Viviendo Lo que Creemos?

En efecto, ¿por qué? La serie Viviendo Lo que Creemos comprende seis volúmenes escritos para grupos/clases pequeños y desarrollados con el fin específico de hacer discípulos pentecostales de Jesucristo. Para aquellos que desean escudriñar más acerca de la vida de Cristo, encontrarán en esta serie suficiente material para aprender y discutir. Sin embargo, Viviendo Lo que Creemos (los seis volúmenes) ofrecen mucho más allá del conocimiento bíblico y la doctrina. Esta serie fue creada específicamente para fomentar el discipulado relacional dentro de la comunidad de creyentes con el propósito de producir un cambio transformador en sus vidas. Hacer discípulos tiene que ver con el desarrollo de verdaderos seguidores de Jesucristo que entienden que la obra y persona misma del Espíritu Santo está íntima e innegablemente involucrado en este proceso de por vida. El Espíritu Santo es quien ayuda a los discípulos ser más como Jesús.

La serie Viviendo Lo que Creemos está dividida en seis volúmenes y consiste en estudios para el discipulado durante 24 semanas (aunque el participante o grupo tiene la libertad de usar solamente uno de los volúmenes, o seguir el orden que prefieran). Esta serie está fundada sobre la verdad y el entendimiento de que sólo los discípulos pueden hacer más discípulos. Reunirnos como cuerpo de Cristo dentro del contexto de un grupo pequeño es también un medio esencial y fructífero mediante el cual se puede cumplir la gran comisión de Jesús (Mateo 28:18-20). De igual manera, reunirse como el cuerpo de Cristo dentro del contexto de un grupo pequeño es un medio natural y orgánico por el cual se puede lograr la satisfacción productiva al seguir el gran mandamiento de Jesús (Mateo 22:36-40).

Durante el transcurso de esta serie de seis volúmenes, el lector/participante recibirá una enseñanza bíblica/doctrinal basada en los catorce puntos de la Declaración de Fe de la Iglesia de Dios. También tendrá la oportunidad de reflexionar y discutir sobre las ramificaciones prácticas en las que podemos vivir lo que creemos . . . todo dentro de un contexto relacional en el discipulado de grupos pequeños. El marco general de esta serie se basa y está guiado por lo que entendemos como el "evangelio quíntuple" (éste consiste en que, Jesús es nuestro Salvador, Jesús es nuestro Santificador, Jesús nos bautiza con el Espíritu, Jesús es nuestro Sanador y Jesús es nuestro Rey que volverá).

El formato de la serie Viviendo Lo que Creemos es sencillo, relacional y ha sido estructurado específicamente para hacer verdaderos discípulos; también para asistir a quienes hacen discípulos y puedan ver cumplida su misión. Cada uno de los seis volúmenes, (*Un pueblo que cree, Un pueblo salvo, Un pueblo santificado, Un pueblo bautizado en el Espíritu, Un pueblo sanado, Un pueblo a la expectativa*) consiste de un estudio para cuatro semanas, y cada semana está dividida en cinco días. Cada participante lee, reflexiona y reacciona a cada estudio durante su tiempo personal en su casa. Cada día incluye varios componentes que ayudarán al discípulo en el nivel de su proceso de crecimiento personal:

- Escudriñando las Escrituras (lecturas seleccionadas de las Escrituras).

- Responda a las siguientes preguntas (preguntas reflectivas y directamente relevantes a la selección de la Escritura).

- Cediendo al Espíritu —dividido en tres sub-segmentos:

  1. "Saber" —esto se relaciona al intelecto.
  2. "Ser" —esto se relaciona a la pasión (el corazón).
  3. "Hacer" —esto se relaciona al comportamiento (sus manos).

- Haga una oración —la conclusión para cada día.

Luego de las cinco interacciones personales y diarias, el participante se unirá a los otros miembros (quienes igualmente deben haber completado las mismas sesiones) para tener una sesión semanal con el grupo pequeño. El líder/facilitador de estas sesiones semanales le proveerá a sus miembros el tiempo para abrirse y compartir sus respuestas, y dará lugar a la guianza del Espíritu Santo a nivel personal o corporativo. El líder/facilitador no decide la reacción o respuesta del grupo, sino que más bien los ayuda y dirige por medio de interrogantes para descubrir lo práctico en el comportamiento de lo que creemos como miembros pentecostales del cuerpo de Cristo. Cada sesión de grupo debe ser para compartir, relacionarse, aprender y estar consciente de la presencia del Espíritu Santo. Cada sesión de grupo tendrá una escritura clave para discutir cuando se reúnan semanalmente. Notará que los estudios tienen información bajo los subtítulos, "Apertura", "Oración", "Testimonio", "Preguntas de Discusión", y una sección a la que nos referimos como "Cediendo al Espíritu". Los líderes de grupo descubrirán mucha más información que les ayude a comenzar y dirigir un grupo pequeño que fue preparado por el editor asistente de esta serie, J. Ben Wiles, y las verá en las siguientes secciones de este volumen. Si usted es un líder/facilitador de grupo, asegúrese siempre de públicamente invitar la presencia del Espíritu Santo para que guíe, enseñe, dé convicción, aliente y unifique a todos los presentes en la sesión de grupo semanal. Recuerde que el beneficio máximo que se busca obtener de la serie de discipulado Viviendo Lo que Creemos no es sólo para transmitir una enseñanza bíblica/doctrinal, ¡sino también para que ser dirigidos por el Espíritu a una transformación en hombres y mujeres que se conviertan en discípulos saludables de Jesucristo!

Como editores generales y publicadores de esta serie para hacer discípulos, queremos expresar nuestro agradecimiento y sincero aprecio al editor asistente, J. Ben Wiles, quien escribió *Un pueblo del Espíritu* que luego sirvió como la plantilla principal para esta serie de Viviendo Lo que Creemos. También estamos agradecidos con Lenae Simmons por su diligente labor en corregir y diseñar este trabajo. Por último, deseamos expresar nuestro respeto y agradecimiento a cada erudito que escribió un volumen individual, como sigue:

Volumen Uno —*Un pueblo que cree* por J. Ben Wiles

Volumen Dos —*Un pueblo salvo* por Lee Roy Martin

Volumen Tres —*Un pueblo santificado* por J. Ben Wiles

Volumen Cuatro —*Un pueblo bautizado en el Espíritu* por French L. Arrington

Volumen Cinco —*Un pueblo sanado* por Daniel Tomberlin

Volumen Seis —*Un pueblo a la expectativa* por French L. Arrington

No podemos pasar por alto el trabajo de estos autores, sus opiniones y compromiso en formar discípulos para Jesucristo.

Si usted es pentecostal, evangélico o creyente que desea tomar la cruz y seguir a Jesús, le recomendamos los seis volúmenes de esta serie Viviendo Lo que Creemos. Si hace discípulos, esta serie le será útil. Y aunque se puede usar para el estudio individual, recomendamos que se use como parte de la experiencia de un grupo pequeño.

O. Wayne Brewer, D.Min — Pamela R. Brewer, M.A.

Discipulado de Varones — *Discipulado de Mujeres*

Discipulado de Adultos, Oficinas Internacionales Iglesia de Dios

Editores generales: O. Wayne y Pamela R. Brewer

Editor asistente: J. Ben Wiles

Correctora, montaje y diseño gráfico: Lenae Simmons

Traductora: Ada Milagros (Milly) Medina

PREFACIO

Cómo iniciar un grupo Viviendo Lo que Creemos

Los siguientes pasos son importantes al iniciar un grupo en su iglesia local:

1. Ore y busque la dirección del Espíritu Santo y asegúrese que Él lo está llamando a dirigir el grupo Viviendo Lo que Creemos.
2. Asegúrese de obtener permiso del pastor de la iglesia donde vaya a dirigir el grupo.
3. Busque un lugar para tener los encuentros del grupo —ya sea en las instalaciones de la iglesia o en un hogar anfitrión. Los lugares públicos como las tiendas de café no son apropiados porque pudieran impedir la habilidad para el grupo interactuar de lleno y buscar la dirección del Espíritu en los tiempos de oración.
4. Determine la hora y el lugar de la primera reunión.
5. Vaya desarrollando el grupo por medio de invitaciones. Su meta es clara: dirigir a cada miembro del grupo a crecer en Jesucristo y descubrir y cumplir el llamado personal de Dios en su vida en el poder del Espíritu Santo. Este es un grupo de transformación donde cada miembro crecerá y podrá estar completamente involucrado en el proceso del discipulado. Seleccione a

cuatro, no más de cinco, personas para ser parte de su grupo. También incluya al menos un creyente maduro y un nuevo creyente. (Nota: un grupo de cuatro a cinco personas es lo mejor para esta clase de estudios. No obstante, si necesita tener un grupo más grande, no debe ser de más de 10 a 12 personas).

6. Decida cómo resolverá el cuidado de niños.
7. Determine el costo para el grupo. Los miembros del grupo deben comprar su propia guía de estudio para cada unidad, a menos que la iglesia haya optado por hacer otros arreglos.
8. Haga la orden de los materiales con tiempo para que lo tenga listos para repartir durante el primer encuentro del grupo.
9. Lea la guía del líder de Viviendo Lo que Creemos para que se familiarice con el proceso de discipulado.

Clave para dirigir con éxito un grupo pequeño

1. Conozca a los integrantes del grupo.
2. Promueva la participación de todos. Recuerde que discipular y sermonear no son la misma cosa. Usted es un facilitador, y su función es facilitar la participación que conduzca a una transformación en todos.
   - Comuníqueles a todos que espera que todos participen.
   - Haga preguntas.
   - Hágalo de tal manera que todos quieran regresar.
   - Reduzca y elimine las situaciones vergonzosas y amenazadoras.
   - Proteja y honre la confidencialidad dentro del grupo.
3. Afirmar vs. Aprobar
   - Es importante que, como líder, usted afirme todas las respuestas. Usted puede decir, "Gracias Ben", o "Que interesante Elizabeth". Sin importar lo que digan los participantes, no critique los comentarios que ellos hagan. Puede que lo que ellos digan le suene antagónico o ridículo, pero no lo critique. Contrario a esto, usted puede decir algo como, "Bueno, eso suena interesante. ¿Qué opinan los demás?" Y es que si usted, siendo el líder, desaprueba directamente los comentarios

de alguien, también les quitará el deseo a otros para hablar y nunca desearán hacerlo. Ellos van a temer la desaprobación; y una vez ellos estén desinteresados en explorar algún tema, hasta ahí llega también la jornada. Pero la otra cara de la moneda es que, aunque es importante afirmar todas las respuestas, hay que evitar la tentación de aprobarlas. No diga cosas como, "Eso sí fue un buen comentario", o "Estoy totalmente de acuerdo contigo". Tal aprobación hace sentir a los demás como si sus comentarios no fueran aceptables. Evite también la tentación de ser demasiado instructivo, tratando de contestar a todas las preguntas y resolver las inquietudes de todos. Una vez habla "el que lo sabe todo", la conversación tiende a apagarse. Usted puede dar su opinión, pero hágalo de una manera personal y humilde. Usted pudiera decir algo como, "Mi experiencia ha sido..." o "De la manera que yo veo esto..."

4. Recuerde las cuatro C que forman parte del rol de un facilitador:

- **Contener** —Mantenga al grupo arraigado en las Escrituras.
- **Cuidado** —Mantenga la sensibilidad ante los sentimientos, necesidades y situaciones que tengan los miembros del grupo.
- **Compromiso** —Demuestre que usted está comprometido con el proceso de Viviendo Lo que Creemos hasta el final. Sea un ejemplo de compromiso mediante su preparación como facilitador para cada encuentro con el grupo.

- **Consistencia** —Mantenga la consistencia con los horarios establecidos para el grupo. Esto también será de inspiración a los demás participantes. Sea consistente también al mantener una actitud positiva ya que esto ayuda a establecer un ambiente saludable para el grupo.

5. Maneje las personalidades difíciles y desafiantes para que no se "apropien" de los encuentros.

   - Hay "secuestradores" que se apropian de las conversaciones respondiendo a las preguntas antes de cualquier otro. En su libro, *Help! My Small Group Has Been Hijacked!, Four Common Hijackers and ways to Respond* (¡Ayuda! ¡Se han apropiado de mi grupo pequeño! Identificando cuatro "secuestradores" comunes y cómo responderles), Margaret Feinberg discute algunas respuestas útiles para quienes potencialmente se quieren apropiar de los grupos pequeños".

     - El primer curso de acción es hablarles aparte y en privado. Usted les da las gracias por su participación, pero sea honesto con ellos y déjeles saber que es necesario contar también con la participación de otros en el grupo. Considere algunas maneras prácticas para ayudarlos con esto (por ejemplo, responda a cada segunda o tercera pregunta, provea respuestas breves, y cosas así por el estilo).

     - Su segundo curso de acción (en caso de que el primero no le funcione) es cambiar el tiempo de discusión en un formato más estructurado. Un ejemplo sería pedirles a los del grupo (llamándolos por nombre) que contesten las preguntas.

- El "secuestrador" emocional llega cada semana con una crisis emocional.
  - El primer curso de acción es pasar un tiempo individual con esta persona y permitirle que se desahogue con usted. De ser necesario, recomiéndele un buen consejero o una conversación con el pastor. Esto pudiera aliviar el problema cuando se reúne el grupo.
  - Si el primer curso de acción no resuelve este asunto, usted necesitará recordarle al grupo que quiere cubrir el material, y que cualquier pregunta adicional puede ser discutida al final de la sesión.
  - **Nota**: Es posible que haya alguno en su grupo que esté pasando alguna dificultad y que no se trate de un "secuestrador" emocional. Usted debe estar presto y mantenerse abierto a la dirección del Espíritu Santo para ministrar personal y brevemente a esta persona si siente que es lo apropiado; y luego proceda a seguir discutiendo el material asignado para el encuentro con el grupo.

6. El líder "secuestrador" es prototipo del que se sienta en el asiento trasero de un carro, y se pasa dando sugerencias de cómo usted debe dirigir al grupo.

- El primer curso de acción es tener una conversación personal con el individuo. Repase con él/ella sus comentarios para sacar lo que sea beneficioso. En ocasiones puede encontrar buenas sugerencias que sean de beneficio al grupo. De ser así, menciónelas en su conversación, lo cual mantendrá el ambiente positivo. Pídale amablemente al líder "secuestrador" que no continúe con lo que ha estado haciendo en los encuentros del grupo, indicándole que él/ella pudiera causar una desunión en el grupo.

- Si el "secuestrador" vuelve a hacerlo en otra reunión, simplemente dígale, "Podemos hablar de estas sugerencias fuera del tiempo de encuentro con este grupo", y prosiga con la discusión de su material.

7. El "secuestrador" atrasado siempre llega tarde a los encuentros del grupo causando interrupción y que el grupo se desenfoque.

    - Discuta la situación directamente con el individuo y motívelo a que haga el esfuerzo de llegar a tiempo. De no ser posible, motívelo entonces a llegar silenciosa y discretamente para no interrumpir al grupo. También deberían considerar esperar afuera si perciben que han llegado durante un momento que es particularmente sensible.
    - Si la persona continúa interrumpiendo al grupo, considere hablarle en privado y recomendarle si se une a otro grupo cuyo horario le funcione mejor al de él/ella.

8. ¡Recuerde que usted es responsable por la mayordomía del grupo!

    - Preocúpese por ellos lo suficiente como para no aceptar decisiones mediocres o justificaciones inexcusables que se reflejen en participaciones inconsistentes.

- No se ponga a juzgar. Diríjase al comportamiento solamente —no trate de adivinar la raíz o el motivo de sus situaciones.
- Ore regularmente por el grupo.
- Considérese un mentor/ejemplo a seguir.
- Promueva las relaciones y conversaciones auténticas siendo un ejemplo de ello en el grupo. Sea auténtico y genuino, ¡pero también santo y humilde!
- Confíe en Dios. Todo lo que se logra por, y a través de Él es para Su gloria. Su voluntad para usted y el grupo es que todos tengan éxito. ¡Él está listo para darles Su gracia para lograrlo!

Grupo de Pacto

> Sino que siguiendo la verdad en amor, crezcamos en todo en aquel que es la cabeza, esto es, Cristo, de quien todo el cuerpo, bien concertado y unido entre sí por todas las coyunturas que se ayudan mutuamente, según la actividad propia de cada miembro, recibe su crecimiento para ir edificándose en amor. (Efesios 4:15, 16).

Nuestra esperanza es que cada individuo que siga el proceso de Viviendo Lo que Creemos experimente un crecimiento y transformación a la semejanza de Cristo durante la trayectoria de esta jornada. Pero el crecimiento individual no es suficiente. También debe ocurrir dentro del contexto de la relación con otros de la misma fe, donde haya edificación mutua para que todos se conviertan en seguidores maduros de Jesucristo y, como resultado, funcionen a capacidad en el plan de Dios para salvar la creación. Con esto presente, y antes de proceder al estudio, cada miembro del grupo debe acordar seguir el siguiente pacto. Por favor lea y reflexione en las siguientes declaraciones e indique su compromiso con el grupo al firmar al pie del mismo. Luego, cada miembro del grupo Viviendo Lo que Creemos procede a firmar el pacto de otro miembro en el grupo de modo que al final la copia de cada uno en el grupo tenga la firma de todos los demás que forman parte del grupo. Conserve este pacto del grupo en su libro para usarlo como futura referencia de ser necesario.

PACTO DEL GRUPO

PRIORIDAD: La reunión de grupo será una prioridad en mi horario. Si voy a llegar tarde o no puedo asistir, le notificaré a mi líder de grupo.

PREPARACIÓN: Entiendo que mi esfuerzo para cada lección es lo que recibiré. De modo que buscaré prepararme para la lección de cada semana y estaré listo para compartir de ella.

RESPETO: Cada cual tiene derecho a su opinión y hacer preguntas debe ser promovido y también respetado. Yo escucharé atentamente a los demás sin interrumpirlos.

CONFIDENCIALIDAD: Cualquier cosa de naturaleza personal que se diga en la reunión no debe ser repetida fuera de ella. La intención de este grupo es proveer un lugar seguro para tener y compartir discusiones abierta.

HONESTIDAD: Me esforzaré por ser genuino, honesto y transparente con los demás miembros del grupo.

APOYO: La misión y los valores del grupo cuentan con mi apoyo, y me abstendré del chisme o la crítica.

FIRMAS FECHA

UN PUEBLO SALVO

Introducción

Somos un pueblo salvo. Estábamos perdidos, pero hemos sido encontrados. Éramos ciegos, pero ahora podemos ver. Éramos pecadores, pero ahora somos hijos de Dios. Antes caminábamos en tinieblas, más ahora caminamos en la luz. Hemos sido salvos por la sangre preciosa de Jesús.

Como pueblo salvo, somos gente alegre. Luego del Señor salvar a Israel de la esclavitud en Egipto, Moisés les declaró, "Bienaventurado tú, oh Israel. ¿Quién como tú, pueblo salvo por Jehová…?" (Deuteronomio 33:29). Como pueblo salvo también somos activos. Somos salvos por gracia y "creados en Cristo Jesús para buenas obras" (Efesios 2:10).

El día que usted se hizo cristiano experimentó una conclusión y también un comienzo. Usted estaba muerto en sus pecados, pero Cristo le dio vida en Él (Colosenses 2:13). Al momento en que Cristo entró en su corazón, terminó su vida antigua y comenzó una nueva. Usted se convirtió en una "nueva criatura; las cosas viejas pasaron; he aquí todas son hechas nuevas" (2 Corintios 5:17).

De manera que, la entrada a la nueva vida es simbolizada usando el término "nacido de nuevo" (Juan 3:3-7). Consideremos este ejemplo, el nacimiento de un niño es el comienzo, no el fin. El bebé se embarca en la jornada de la vida en la cual aprende y se relaciona a otras personas. De manera similar, cuando nacemos de nuevo nos embarcamos en una jornada cristiana. Quizás usted lleva años de cristiano; o quizás fue salvo recientemente. De cualquier manera, usted se encuentra en esta jornada con Dios y otros creyentes que juntos buscan esa ciudad "cuyo arquitecto y constructor es Dios" (Hebreos 11:10).

El propósito de este estudio es guiarle en su jornada con Dios mientras usted se ocupa en su "salvación con temor y temblor" (Filipenses 2:12). El hecho de que la salvación es una jornada es un énfasis que encontramos en la Biblia con el uso de términos como "camino" y "andar". Nuestro "andar" se refiere a nuestro comportamiento, nuestros hábitos y nuestro carácter. Nuestro "camino" es un sendero que sigue cierto orden y dirección de la vida. Básicamente hay dos caminos: el "camino" que conduce a la vida y el "camino" que conduce a la muerte. El Señor le ordenó a Abraham "anda delante de mí y sé perfecto" (Génesis 17:1). Israel fue instruido a "andar en" los caminos de Dios (Deuteronomio 8:6) y "[caminar] a la luz de Jehová" (Isaías 2:5). Jesucristo nos abrió un "camino nuevo y vivo" (Hebreos 10:20). Como creyentes debemos "andar honestamente" (Romanos 13:13), "andar por fe, no por vista" (2 Corintios 5:7), "andar en el Espíritu" (Gálatas 5:25), y "[andar] en amor, como también Cristo nos amó, y se entregó a sí mismo por nosotros" (Efesios 5:2).

Este estudio es una invitación para que usted renueve su caminar con Dios. Con el propósito de fortalecer su caminar, este libro expone y explica la relevancia diaria de la Declaración de Fe de la Iglesia de Dios. A continuación toda la Declaración de Fe:

Creemos:

1. En la inspiración verbal de la Biblia.
2. En un Dios que existe eternamente en tres personas, a saber: el Padre, el Hijo y el Espíritu Santo.
3. Que Jesucristo es el unigénito del Padre, concebido del Espíritu Santo y nacido de la virgen María. Que fue crucificado, sepultado y resucitó de entre los muertos. Que ascendió al cielo y está hoy a la diestra del Padre como nuestro Intercesor.
4. Que todos han pecado y han sido destituidos de la gloria de Dios, y que el arrepentimiento es ordenado por Dios para todos y necesario para el perdón de los pecados.
5. Que la justificación, la regeneración y el nuevo nacimiento se efectúan por fe en la sangre de Jesucristo.
6. En la santificación, siguiente al nuevo nacimiento, por fe en la sangre de Jesucristo, por medio de la Palabra y por el Espíritu Santo.
7. Que la santidad es la norma de vida, de Dios, para su pueblo.
8. En el bautismo con el Espíritu Santo, subsecuente a la limpieza del corazón.
9. En hablar en otras lenguas, como el Espíritu dirija a la persona, lo cual es la evidencia inicial del bautismo en el Espíritu Santo.
10. En el bautismo en agua por inmersión, y que todos los que se arrepienten deben ser bautizados en el nombre del Padre, del Hijo y del Espíritu Santo.
11. Que la sanidad divina es provista para todos en la expiación.
12. En la cena del Señor y el lavatorio de los pies de los santos.

13. En la segunda venida de Jesús antes del milenio. Primero, a resucitar a los justos muertos y arrebatar a los santos vivos hacia Él en el aire. Segundo, a reinar en la tierra por mil años.
14. En la resurrección corporal; vida eterna para los justos y castigo eterno para los inicuos.

Durante las siguientes cuatro semanas estaremos considerando los artículos cuatro y cinco, y los usaremos como el punto de entrada al leer las Escrituras. Estos artículos de nuestra fe son:

> **"Que todos han pecado y han sido destituidos de la gloria de Dios, y que el arrepentimiento es ordenado por Dios para todos y necesario para el perdón de los pecados".**
>
> **"Que la justificación, la regeneración y el nuevo nacimiento se efectúan por fe en la sangre de Jesucristo".**

Estas dos declaraciones de fe describen nuestra experiencia de conversión. Ambas nos dicen que todos necesitan un Salvador. Sin Cristo, cada persona está separada de Dios y sin poder alguno para salvarse a sí misma. No obstante, leemos en el Nuevo Testamento que "de tal manera amó Dios al mundo, que ha dado a su Hijo unigénito, para que todo aquel que en él cree, no se pierda, mas tenga vida eterna" (Juan 3:16). Jesús estuvo dispuesto a entregar Su vida y sufrir en la cruz para que cada pecador sea salvo. Para poder recibir el regalo gratuito de la salvación debemos creer en el Señor y arrepentirnos de nuestros pecados.

Al momento de arrepentirnos, Dios nos "justifica", lo cual significa que Él perdona nuestros pecados y nos declara justos. A la misma vez, el Espíritu Santo entra en el corazón para hacer una obra de "regeneración y nuevo nacimiento". Esto significa que somos hechos una nueva creación. Somos nacidos de nuevo. ¡Los que estábamos muertos tenemos vida en Jesucristo! ¡Gloria a Dios! Esta obra poderosa de Dios se logra en nosotros "por medio de la fe en la sangre de Jesucristo". No somos salvos por nuestras obras, pero por la fe en Cristo". El apóstol Pablo escribe, "nos salvó, no por obras de justicia que nosotros hubiéramos hecho, sino por su misericordia, por el lavamiento de la regeneración y por la renovación en el Espíritu Santo" (Tito 3:5).

Si nos abrimos al Espíritu Santo al participar de este estudio, Dios nos alentará, fortalecerá y llevará a caminar más profundamente con Él. Aprender lo que significa vivir un estilo de vida de arrepentimiento y de confianza en Dios para ser justificados nos dará seguridad y nos hará más devotos a Cristo.

Cuando caminamos con Dios, el mundo ve nuestras buenas obras y glorifican al Padre en los cielos (Mateo 5:16). Al vivir nuestra fe y caminar por causa de nuestra salvación, podemos ser luz y testigos al mundo. Podemos ser un ejemplo para nuestras familias y de bendición a otros creyentes. Si somos un pueblo salvo, entonces vivamos nuestra salvación a la gloria de Dios.

DECLARACIÓN DE FE

"Creemos . . .

Que todos han pecado y han sido destituidos de la gloria de Dios, y que el arrepentimiento es ordenado por Dios para todos y necesario para el perdón de los pecados".

Semana 1

RELACIÓN ROTA

Semana 1

Día 1

El camino de regreso a Dios

DECLARACIÓN DE FE

"Creemos . . .

Que todos han pecado y han sido destituidos de la gloria de Dios, y que el arrepentimiento es ordenado por Dios para todos y necesario para el perdón de los pecados".

Palabras para guardar en su corazón

Como está escrito: No hay justo, ni aun uno; no hay quien entienda, no hay quien busque a Dios. Todos se desviaron, a una se hicieron inútiles; no hay quien haga lo bueno, no hay ni siquiera uno". (Romanos 3:10-12)

Sentando las bases

La salvación tiene una dimensión divina y también humana. Por el lado divino, Dios envió a Su Hijo al mundo para morir en la cruz por toda la humanidad. A causa de la vida y muerte sacrificada de Jesús, Dios perdona nuestros pecados. Por el lado humano, nuestra pecaminosidad arruinó nuestra relación con Dios creando la necesidad de la salvación. Todos hemos pecado, y todos estamos separados de Dios. Es más, es nuestra responsabilidad arrepentirnos cuando el Espíritu Santo nos da convicción de nuestros pecados.

Nuestro enfoque durante las próximas dos semanas será en el lado humano de la salvación. Estudiaremos el pecado de la humanidad y la necesidad del arrepentimiento. Esta semana, estudiaremos el efecto dañino que causa el pecado. Antes de poder entender cómo la doctrina del pecado se aplica a nuestras vidas como pueblo del Espíritu, necesitamos entender lo que esto significa. La base de nuestra creencia en cuanto a la pecaminosidad de la humanidad viene directamente de la siguiente Escritura: "por cuanto todos pecaron, y están destituidos de la gloria de Dios" (Romanos 3:23).

En los primeros tres capítulos del libro de Romanos, Pablo explica que la humanidad está separada de Dios. La relación entre Dios y la humanidad está rota. No tenemos el poder para restaurarla —sólo Dios puede hacerlo. Por eso, mientras aún éramos pecadores, "Cristo murió por nosotros" (Romanos 5:8).

Cuando Pablo declara que "todos" han pecado no está exagerando. No hay diferencia entre la gente que se crió en la iglesia y los que nunca han entrado en una iglesia —todos hemos pecado. No hay ninguna diferencia si nuestros padres fueron cristianos o incrédulos. Todos hemos pecado.

La Biblia describe el pecado de diferentes maneras; pero esencialmente, el pecado es cualquier a- cción, actitud o pensamiento que nos destituye de la gloria de Dios. La "gloria de Dios" se refiere a la imagen de Dios que todo humano debe reflejar. Adán y Eva fueron creados a la imagen de Dios y eran un reflejo de la gloria y el honor de Dios. Ellos eran perfectos en corazón, mente y voluntad. Día a día vivían para Dios y estaban en comunión con Él. Su imitación de Dios significaba que sus vidas reflejaban la gloria de Dios. Sin embargo, por su desobediencia al mandato de Dios ellos dejaron de proyectar esa perfección de Dios. Se convirtieron en pecadores, viviendo en rebelión contra Dios. Su relación personal con Dios se rompió a causa de su incredulidad y orgullo.

Escudriñando las Escrituras

Lea 1 Juan 1:8-10

> Si decimos que no tenemos pecado, nos engañamos a nosotros mismos, y la verdad no está en nosotros. Si confesamos nuestros pecados, él es fiel y justo para perdonar nuestros pecados, y limpiarnos de toda maldad. Si decimos que no hemos pecado, le hacemos a él mentiroso, y su palabra no está en nosotros.

Lea Salmo 51:1-4:

> Ten piedad de mí, oh Dios, conforme a tu misericordia; conforme a la multitud de tus piedades borra mis rebeliones. Lávame más y más de mi maldad, y límpiame de mi pecado. Porque yo reconozco mis rebeliones, y mi pecado está siempre delante de mí. Contra ti, contra ti solo he pecado, y he hecho lo malo delante de tus ojos; para que seas reconocido justo en tu palabra, y tenido por puro en tu juicio.

Responda a las siguientes preguntas:

1. De acuerdo a 1 Juan, ¿a quién engañamos si decimos que no tenemos pecado? ¿A quién hacemos mentiroso? ¿Qué no está en nosotros?

2. En el Salmo 51 encontramos cuatro palabras diferentes para los actos inmorales de David: rebeliones, maldad, pecado, malo. Busque el significado de estas palabras en un diccionario y explique sus diferencias.

3. ¿Por qué cree usted que David le dijo a Dios, "Contra ti, contra ti solo he pecado"? ¿Acaso no pecó él contra Betsabé y Urías?

Cediendo al Espíritu

—Saber—

Es importante que entendamos la pecaminosidad universal de la humanidad. El primer paso para recibir la salvación es saber que hemos ofendido a Dios y que estamos separados de Él a causa de nuestros pecados. Además de esto, cuando compartimos nuestra fe con otros, no podemos cometer el error de pensar que algunas personas están "bien" sin Cristo. Es cierto que algunos tienen mejor moralidad que otros, pero lo mejor de nosotros no es suficiente para obtener la vida eterna. Todos necesitamos a Jesucristo.

—Ser—

Cuando el apóstol Pablo habló acerca de sus pecados, lo hizo con humildad y agradecido por el perdón de Dios. *Él le escribió el siguiente testimonio a Timoteo*:

> Palabra fiel y digna de ser recibida por todos: que Cristo Jesús vino al mundo para salvar a los pecadores, de los cuales yo soy el primero. Pero por esto fui recibido a misericordia, para que Jesucristo mostrase en mí el primero toda su clemencia, para ejemplo de los que habrían de creer en él para vida eterna (1 Timoteo 1:15, 16).

Así como sucedió con Pablo, admitir nuestra culpabilidad debe llevarnos a la humildad. Sin Cristo, estamos eternamente perdidos. Y de igual manera, reconocer nuestros pecados debe ser la oración para regocijarnos porque Dios nos salvó. Antes éramos pecadores, pero Dios ha perdonado nuestros pecados. Nuestra relación con Dios ha sido restaurada, y caminamos a diario con Dios.

—Hacer—

Aunque nacimos en pecado, ya no somos pecadores. Si hemos nacido de Dios, tenemos la vida eterna en nosotros y podemos resistir las tentaciones. Sin embargo, considere el siguiente consejo en 1 Juan 2:1:

> Hijitos míos, estas cosas os escribo para que no pequéis; y si alguno hubiere pecado, abogado tenemos para con el Padre, a Jesucristo el justo.

La gracia de Dios es suficiente para mantenernos alejados del pecado; pero si pecáramos, podemos confesarlo a Jesucristo, quien es nuestro abogado ante el Padre. Si usted se da cuenta que cometió un pecado, confiéselo de inmediato y pídale perdón a Dios. La confesión genuina produce restauración.

Haga una oración

Señor, reconozco que mis pecados me han separado de Ti. Y que al igual que todos los demás, estoy destituido de la gloria para la cual Tú me creaste. Más ahora me regocijo en Tu salvación. Te doy gracias por Tu misericordia y amor abundante. Dame la habilidad y el valor para compartir Tu amor con otros que Te necesitan. En el nombre de Jesús. Amén.

Día 2
En el principio

Escudriñando las Escrituras

Lea Génesis 1:26-28

> Entonces dijo Dios: Hagamos al hombre a nuestra imagen, conforme a nuestra semejanza; y señoree en los peces del mar, en las aves de los cielos, en las bestias, en toda la tierra, y en todo animal que se arrastra sobre la tierra. Y creó Dios al hombre a su imagen, a imagen de Dios lo creó; varón y hembra los creó. Y los bendijo Dios, y les dijo: Fructificad y multiplicaos; llenad la tierra, y sojuzgadla, y señoread en los peces del mar, en las aves de los cielos, y en todas las bestias que se mueven sobre la tierra.

Responda a las siguientes preguntas:

1. ¿Qué creó Dios a Su imagen?
2. ¿Fueron creados el hombre y la mujer a la imagen de Dios?

3. ¿Qué definición le daría a las palabras "imagen" y "semejanza" de Dios al relacionarlo con Adán y Eva?

Cediendo al Espíritu

—Saber—

Adán y Eva fueron nuestros primeros padres. Ellos fueron creados para tener una relación de compañerismo con Dios, para trabajar en el huerto y para gobernar sobre toda la tierra como representantes de Dios. Ellos fueron creados sin pecado y sin la tendencia de pecar. Ellos vivieron en un ambiente perfecto, en comunión perfecta con Dios y entre ellos mismos. Sus mentes, voluntad y deseos estaban en relación con Dios; por lo tanto, ellos disfrutaron las bendiciones de la serenidad e inocencia.

Ser creado a la imagen de Dios incluye tres componentes interrelacionados: (1) la imagen espiritual; (2) la imagen administrativa; y (3) la imagen moral.

La **imagen espiritual** significa que Adán y Eva tenían una naturaleza espiritual y un alma immortal. Esta naturaleza espiritual les dio entendimiento, voluntad y libertad. El entendimiento es el poder que distingue la verdad de la falsedad. La voluntad hace referencia de los deseos, las inclinaciones y los anhelos que son santos y justos. El legado de la libertad quizás sea el más importante de todos. Dios creó a Adán y a Eva como compañeros del pacto. Su relación con Dios y su adoración a Dios era algo completamente voluntario. Ellos fueron creados para encontrar perfección y propósito en el amor santo de Dios, un amor que sólo surge y se mantiene por la libertad. Desafortunadamente, su libertad los hizo objetos de la tentación de la serpiente. Adán y Eva fueron creados con la libertad de obedecer o deso- bedecer a Dios.

La **imagen administrativa** significa que los seres humanos no están relacionados simplemente entre ellos y con Dios, sino también con la naturaleza misma y otras criaturas. A Adán y a Eva les fue dado el dominio sobre toda cosa viviente en la tierra. Este dominio implicó la responsabilidad de servir como distribuidores de las bendiciones de Dios al resto de la creación.

La **imagen moral** es la capacidad de personificar la justicia de Dios y Su amor. El apóstol Pablo hizo referencia de la "imagen" de Dios como una "justicia y santidad de la verdad" (Efesios 4:24 y Colosenses 3:10). La imagen moral distingue a los humanos del resto de la creación. Los humanos son las únicas criaturas terrestres que tienen la capacidad de conocer a Dios, de adorarlo y amarlo. La imagen moral también es lo que hace que el pecado sea posible. La imagen moral refleja la relación entre Dios y los humanos, pero esa relación está pervertida y distorsionada por causa de los efectos del pecado.

—Ser—

¿De qué manera somos transformados por esta verdad? La imagen moral de Dios está conectada a la ley moral de Dios, la cual es una expresión del amor y la naturaleza santa de Dios. Cuando alguien se justifica por su pecado, dice: "Es que soy humano", implicando que ser humano es equivalente a ser pecador. No obstante, los humanos no fueron creados con una naturaleza pecaminosa. Adán y Eva fueron creados en la imagen moral y perfecta de Dios.

En el principio, no había pecado en el mundo. Después que Dios creó a Adán y a Eva, Él declaró que todo era como debía ser. "Y vio Dios todo lo que había hecho, y he aquí que era bueno en gran manera" (Génesis 1:31). Dios hizo a la humanidad para ser buena, no mala. A pesar de que la naturaleza humana *caída* está corrupta por el pecado, la naturaleza humana original era buena; y a través de Cristo puede ser buena otra vez.

—Hacer—

Juan Wesley declaró que la mayor expresión de amor es la imagen de Dios. El amor es el destello de la gloria de Dios. Cuando rendimos nuestras vidas a Dios, más nos parecemos a Él. La imagen de Dios se renueva cuando hacemos nuestra Su justicia, santidad y amor.

Haga una oración

Señor Dios, Tú eres mi creador. Te doy gracias porque fui creado a Tu imagen. Aunque he pecado contra Ti en el pasado, mi oración es que me transformes por Tu gracia y que crees en mi un corazón nuevo de amor y obediencia. Que la imagen de Dios se vea en mí, por medio de la justicia y en santidad verdadera. Te pido estas cosas en el nombre de Jesús, nuestro Señor y Salvador. Amén.

Día 3

Escondidos de Dios

Escudriñando las Escrituras

Lea Génesis 3:1-10

Pero la serpiente era astuta, más que todos los animales del campo que Jehová Dios había hecho; la cual dijo a la mujer: ¿Conque Dios os ha dicho: No comáis de todo árbol del huerto? Y la mujer respondió a la serpiente: Del fruto de los árboles del huerto podemos comer; pero del fruto del árbol que está en medio del huerto dijo Dios: No comeréis de él, ni le tocaréis, para que no muráis. Entonces la serpiente dijo a la mujer: No moriréis; sino que sabe Dios que el día que comáis de él, serán abiertos vuestros ojos, y seréis como Dios, sabiendo el bien y el mal.

Y vio la mujer que el árbol era bueno para comer, y que era agradable a los ojos, y árbol codiciable para alcanzar la sabiduría; y tomó de su fruto, y comió; y dio también a su marido, el cual comió así como ella. Entonces fueron abiertos los ojos de ambos, y conocieron que estaban desnudos; entonces cosieron hojas de higuera, y se hicieron delantales.

Y oyeron la voz de Jehová Dios que se paseaba en el huerto, al aire del día; y el hombre y su mujer se escondieron de la presencia de Jehová Dios entre los árboles del huerto. Mas Jehová Dios llamó al hombre, y le dijo: ¿Dónde estás tú? Y él respondió: Oí tu voz en el huerto, y tuve miedo, porque estaba desnudo; y me escondí.

Responda a las siguientes preguntas:

1. ¿Quién inició la tentación de Eva?

2. ¿Por qué Eva le creyó a la serpiente en lugar de Dios?

3. ¿Dónde estaba Adán? ¿Por qué no intervino?

4. ¿Por qué Adán y Eva se escondieron de Dios?

Cediendo al Espíritu

—Saber—

Adán y Eva fueron creados en justicia y santidad. Ellos no tenían pecado, pero fueron tentados por la serpiente. De acuerdo a Juan Wesley, la raíz del pecado de Adán y Eva consistió en su

incredulidad. La serpiente plantó la semilla de la duda en Eva cuando le preguntó, "¿Con que Dios ha dicho...?" Mientras Eva observaba la fruta prohibida, comenzó a dudar la palabra de Dios; y su duda le dio lugar al orgullo; y su orgullo creó voluntad propia. Por ende, su relación de confianza con Dios se rompió. El apóstol Pablo declara que Eva fue engañada al creer la mentira de la serpiente. La incredulidad es la raíz del pecado y esto es apoyado en Hebreos 3:12, donde dice, "Mirad, hermanos, que no haya en ninguno de vosotros corazón malo de incredulidad para apartarse del Dios vivo".

A pesar de que el pecado del orgullo causó la caída de Lucifer (Isaías 14:12-14), el pecado de Eva no consistió en el orgullo sino en la incredulidad. Esto pervirtió la relación de confianza entre Dios y la humanidad. La falta de confianza en Dios siempre produce distanciamiento de Él. Una vez alejados de Dios, toda clase de pecado resulta fácil.

El pecado de Adán y Eva tuvo resultados trágicos. Adán fue advertido, "mas del árbol de la ciencia del bien y del mal no comerás; porque el día que de él comieres, ciertamente morirás" (Génesis 2:17). Cuando comieron del árbol, ambos experimentaron efectos **físicos** y **espirituales**. Sus cuerpos recibieron la sentencia de muerte. Ya no seguirían caminando a la presencia del Creador que les daba vida. Adán trajo sobre sí dolor, trabajo y angustia.

El pecado también produjo horribles consecuencias espirituales. Con la muerte física también les llegó la muerte espiritual y eterna. El alma de Adán fue separada de Dios. Ya no disfrutaría el favor de Dios ni su íntima comunión con Él. Su alma murió para Dios.

Además de perder el favor de Dios, Adán perdió la imagen de Dios. Su desobediencia introdujo el pecado al mundo y le robó a la humanidad la imagen de Dios. De la humanidad se fue la virtud, la justicia y la verdadera santidad, y cayó a la imagen de las bestias, siendo dominados por su propia voluntad y pasiones profanas.

La **imagen espiritual** de Adán se dañó pero no quedó completamente destruida a causa de la caída. El entendimiento humano ahora estaba confuso y en error constante, confundiendo la falsedad con la verdad y la verdad con la falsedad. La voluntad de Adán también se corrompió y fue dominada por deseos de maldad, como la ira, el odio, el temor y la vergüenza. Por su pecado, Adán perdió su libertad; "Todo aquel que hace pecado, esclavo es del pecado" (Juan 8:34).

La **imagen administrativa** de Dios en Adán también se dañó. En lugar de ser el conducto de las bendiciones y la gracia para toda la creación, la humanidad se convirtió en el abusador y destructor de la creación, consumiendo sus recursos de manera egoísta.

La **imagen moral** de Dios en Adán se vio grandemente afectada. Ya Adán no reflejaría más la justicia y santidad de su Creador. La vida de Dios se extinguió en el alma, y Su gloria se apartó de Adán. Él ya no era santo; era infeliz; estaba lleno de pecado, lleno de culpabilidad y atormentado por el temor.

—Ser—

¿De qué manera nos transforma esta verdad? ¿Cómo afecta esto nuestra vida diaria? Desde la caída, nadie ha sido capaz de escaparse de sus propios pecados. La humanidad puede ser iluminada en conocimientos y educación, pero sigue atormentada por el odio, la lujuria, la ira y la codicia. El pecado es algo grave, y el daño que causa debe ser tomado con seridad.

Vivimos en un mundo arruinado por el efecto del pecado de Adán. El apóstol Pablo lo dijo de esta manera: "Por tanto, como el pecado entró en el mundo por un hombre, y por el pecado la muerte, así la muerte pasó a todos los hombres..." (Romanos 5:12). Estamos rodeados de enfermedades, convalecencias, sufrimientos y muerte. ¿Cómo habremos de responder? Debemos confesar que sin Cristo todos estamos perdidos. Debemos darle gracias a Dios que nos ofrece un camino a la salvación. Debemos permitir que Dios nos transforme por Su gracia y que restaure en nosotros la hermosa y santa imagen de Dios. Pablo declaró que somos "transformados de gloria en gloria en la misma imagen, como por el Espíritu del Señor" (2 Corintios 3:18).

—Hacer—

Tome un momento para orar y meditar en la manera que el Señor le ha hablado a través de este estudio. ¿Ha tomado en cuenta la gravedad que causa la desobediencia a Dios? ¿Valora usted su relación personal con Dios? Describa brevemente su experiencia en dos o tres oraciones en esta página.

Haga una oración

Padre celestial, gracias por crearme a Tu imagen y semejanza. Te agradezco la libertad que me has dado para conocerte, servirte, adorarte y amarte. Hoy, rindo mi vida a Ti. Es mi oración que me transforme a la imagen y semejanza de Jesucristo. Abre mis ojos para verte, y mis oídos para escuchar Tu Palabra. Me uno a la oración de David, cuando dijo: "Examíname, oh Dios, y conoce mi corazón; pruébame y conoce mis pensamientos; y ve si hay en mí camino de perversidad, y guíame en el camino eterno". En el nombre de Jesús. Amén.

Día 4

La esclavitud al pecado

Escudriñando las Escrituras

Lea Romanos 3:9-18

¿Qué, pues? ¿Somos nosotros mejores que ellos? En ninguna manera; pues ya hemos acusado a judíos y a gentiles, que todos están bajo pecado. Como está escrito: "No hay justo, ni aun uno; no hay quien entienda, no hay quien busque a Dios. Todos se desviaron, a una se hicieron inútiles; no hay quien haga lo bueno, no hay ni siquiera uno. Sepulcro abierto es su garganta; con su lengua engañan. Veneno de áspides hay debajo de sus labios; su boca está llena de maldición y de amargura. Sus pies se apresuran para derramar sangre; quebranto y desventura hay en sus caminos; y no conocieron camino de paz. No hay temor de Dios delante de sus ojos".

Responda a las siguientes preguntas:

1. De acuerdo a Pablo, ¿son todos los incrédulos igualmente culpables de pecado?

2. Explique las tres áreas del fracaso humano: (1) ninguno es justo, (2) ninguno entiende y, (3) ninguno busca de Dios.

3. ¿Qué quiso decir Pablo al usar la frase, "A una se hicieron inútiles"?

4. Observe las tres referencias que están relacionados a la boca. ¿Qué significan esas oraciones?

5. Haga algún comentario sobre el cierre de la declaración de Pablo que describe los efectos dañinos del pecado sobre la comunidad humana.

Cediendo al Espíritu

—Saber—

Hemos aprendido que el pecado de Adán y Eva afectó a toda la raza humana. ¿Son los humanos caídos esencialmente malos o buenos? Esta clase de preguntas está relacionado a conceptos tales como la **depravación total** y el **pecado original**.

El término **pecado original** es una referencia a la naturaleza caída y pecaminosa que pasó de Adán a toda la raza humana. La **depravación total** se refiere a la extensión hasta donde la naturaleza de Adán fue negativamente afectada por su propio pecado. Esto significa que cada parte humana (física y espiritual) se corrompió cuando Adán se rebeló contra Dios. Pablo se refiere a esa naturaleza pecaminosa como la "carne", el "viejo hombre", el "cuerpo de pecado" y el "hombre natural".

A pesar de que la Biblia se refiere mayormente al pecado como un acto u obra, también habla del pecado como una enfermedad o poder que controla al pecador. El profeta

Jeremías escribió, "Engañoso es el corazón más que todas las cosas, y perverso" (Jeremías 17:9). Según el salmista, nacimos con una naturaleza pecaminosa. David declara, "He aquí, en maldad he sido formado, y en pecado me concibió mi madre" (Salmo 51:5). Esta escritura no quiere decir que la procreación y el nacimiento sean malos por naturaleza; en lugar de eso lo que significa es que la pecaminosidad está profundamente arraigada a la existencia humana y permea la humanidad por generaciones. La corrupción de la naturaleza humana a la que llamamos pecado original es la falta de justica y también es una tendencia natural hacia el pecado. Por lo tanto, no sólo es la ausencia de lo bueno sino también un poder activo que conduce el corazón humano hacia el pecado y la desobediencia.

El pecado original y la depravación total se manifiestan de cuatro maneras. Primero, nacemos en un estado de **incredulidad** y sin conocimiento de Dios. Sin conocimiento de Dios, no amamos a Dios. Segundo, la falta de conocimiento conduce a una idolatría **altiva** en la cual nos adoramos naturalmente a nosotros mismos y nos convertimos en el centro de nuestras vidas. Nos adoramos a nosotros y también a nuestros deseos. Tercero, nuestra altivez produce **voluntad propia**. Como pecadores, no buscamos la voluntad de Dios sino la nuestra. Cuarto, sin el amor de Dios, naturalmente **amamos al mundo**. Juan escribe, "No améis al mundo, ni las cosas que están en el mundo. Si alguno ama al mundo, el amor del Padre no está en él. Porque todo lo que hay en el mundo, los deseos de la carne, los deseos de los ojos, y la vanagloria de la vida, no proviene del Padre, sino del mundo" (1 Juan 2:15, 16). De manera que la imagen de Dios en la humanidad se ha dañado por la incredulidad, la voluntad propia y el amor al mundo en todos sus aspectos.

—Ser—

¿De qué manera nos transforma esta verdad? De acuerdo a Juan Wesley, el pecado original es la razón por la cual debemos nacer de nuevo. El nuevo nacimiento es la sanidad a la enfermedad del pecado y la implantación de una nueva naturaleza creada en la imagen de Cristo en justica y santidad verdadera.

Saber que "todos hemos pecado" nos pone al mismo nivel. Sin Cristo estamos todos condenados. Si entendemos que toda la humanidad está sufriendo de la enfermedad del pecado y por la corrupción de la naturaleza humana, entonces miraríamos al prójimo con compasión y amor de Cristo. Además, saber que nacimos en pecado nos hace ser más agradecidos porque hemos sido sanados de la corrupción del pecado y librados del poder del pecado.

—Hacer—

Tome un momento para darle gracias a Dios por librarlo del poder de las tinieblas. Alábelo porque Él lo ha limpiado de todo pecado.

Seamos imitadores de Jesucristo, quien no vino a "condenar al mundo" sino a salvarlo (Juan 3:17). Sabemos que fuera de Cristo el mundo está en tinieblas. Seamos la luz de Dios que alumbra al mundo. Los pecadores cometen pecados debido a su naturaleza caída. Nuestro debe no es condenar a los pecadores sino compartirles el evangelio.

Haga una lista de los pecadores que usted conoce. Quizás usted tenga parientes que no conocen a Cristo. Ore por cada persona en su lista y pídale a Dios que les de la gracia para clamar al Señor por la salvación.

Haga una oración

Señor de la vida, te alabo. Tú eres el Dios de mi salvación. Te doy gracias porque cuando estaba perdido, Tú me encontraste. Aunque me hallaba sin esperanza y sin paz, Tú me salvaste. Te pido que transformes mi perspectiva de los pecadores. Cada pecador es una persona por la cual Tú moriste. Tú moriste por los musulmanes extremistas al igual que por los ateos intelectuales. Mi oración es que reveles Tu amor y gracia a los pecadores, y Te pido que me hagas un mejor testigo para los perdidos. En el nombre de Jesús. Amén.

Día 5

La pena de muerte

Escudriñando las Escrituras

Lea Romanos 6:23

> Porque la paga del pecado es muerte, mas la dádiva de Dios es vida eterna en Cristo Jesús Señor nuestro.

Lea Lucas 13:1-5

> En este mismo tiempo estaban allí algunos que le contaban acerca de los galileos cuya sangre Pilato había mezclado con los sacrificios de ellos. Respondiendo Jesús, les dijo: ¿Pensáis que estos galileos, porque padecieron tales cosas, eran más pecadores que todos los galileos? Os digo: No; antes si no os arrepentís, todos pereceréis igualmente. O aquellos dieciocho sobre los cuales cayó la torre en Siloé, y los mató, ¿pensáis que eran más culpables que todos los hombres que habitan en Jerusalén? Os digo: No; antes si no os arrepentís, todos pereceréis igualmente.

Lea Apocalipsis 20:11-15

> Y vi un gran trono blanco y al que estaba sentado en él, de delante del cual huyeron la tierra y el cielo, y ningún lugar se encontró para ellos. Y vi a los muertos, grandes y pequeños, de pie ante Dios; y los libros fueron abiertos, y otro libro fue abierto, el cual es el libro de la vida; y fueron juzgados los muertos por las cosas que estaban escritas en los libros, según

sus obras. Y el mar entregó los muertos que había en él; y la muerte y el Hades entregaron los muertos que había en ellos; y fueron juzgados cada uno según sus obras. Y la muerte y el Hades fueron lanzados al lago de fuego. Esta es la muerte segunda. Y el que no se halló inscrito en el libro de la vida fue lanzado al lago de fuego.

Responda a las siguientes preguntas:

1. Comente sobre "la paga del pecado es muerte". ¿De qué manera esto se relaciona a nuestros estudios anteriores a esta semana?

2. En Lucas 13, ¿qué es lo que Jesús quiere decir con la palabra "perecerán"?

3. Adán fue advertido de que la desobediencia tendría la muerte como resultado. ¿Cómo vemos esta advertencia manifestada en Apocalipsis 20?

Cediendo al Espíritu

—Saber—

¡Muerte! ¡Juicio final! ¡Un lago de fuego y azufre! ¡Destino eterno! Estas escenas nos dan una lección. Somos parte de una generación que evita tales pensamientos, eligiendo a cambio enfocar nuestra atención en imágenes más positivas y esperanzadoras. Sin embargo, a causa del pecado de Adán cada persona enfrenta la muerte. "Y de la manera que está establecido para los hombres que mueran una sola vez, y después de esto el juicio..." (Hebreos 9:27). La Biblia insiste en que tomemos en serio las consecuencias eternas de nuestras actividades en el presente. Cada día tomamos decisiones que determinarán nuestro estado en el día del juicio.

Aquellos cuyos nombres no se encuentren en el libro de la vida serán echados al lago de fuego, y sufrirán castigo eterno junto a sus amos —el diablo y el falso profeta. El lago de fuego es un destino final e irrevocable. Es la separación eterna de Dios.

La muerte ha pasado a cada ser humano, ¿pero, qué de aquellos niños que no han alcanzado la edad para rendir cuentas? Si ellos mueren, ¿sufrirán muerte eterna? Hasta los infantes son parte en la culpa del pecado de Adán, pero esa culpa no conduce al castigo eterno. Ninguno se pierde por heredar la culpa sino solamente como resultado de su propia culpa. Dios asegura que los hijos no deben morir por la iniquidad de sus padres (Ezequiel 18:17). La obra expiatoria de Cristo es suficiente para cubrir la culpa de Adán que en cierto sentido es mediada hasta para los infantes.

—Ser—

¿De qué manera nos transforma esta verdad? La certeza del juicio eterno debe movernos a examinarnos de dos maneras. Primero, debemos examinar nuestra propia devoción a Jesucristo. ¿Estará nuestro nombre escrito en el libro de la vida? Apocalipsis nos dice que aquellos cuyos nombres no estaban escritos en el libro de la vida son adoradores de la bestia (Apocalipsis 13:8). ¿A quién usted adora? ¿A quién sirve? Segundo, debemos examinar nuestra actitud hacia los incrédulos. Un tema que domina en el libro de Apocalipsis, es el "testimonio" o "testigo" de Jesucristo. Nosotros somos Sus testigos. Dios nos ha llamado a una misión que tiene consecuencias eternas. Nuestra vida, nuestros trabajos, nuestra adoración, nuestras enseñanzas, nuestras oraciones, nuestra predicación, nuestras pasiones, nuestras palabras y nuestro testimonio impactarán la eternidad.

—Hacer—

Vuelva a leer los versículos de la Escritura de hoy y pídale al Espíritu Santo que le hable. Lea las Escrituras detenidamente y en oración. Quizás encuentre algo que haya pasado por alto anteriormente, algo que el Espíritu Santo le quiera decir hoy al iluminarlo con la Palabra inspirada de Dios. De ser así, anótelo en el espacio provisto a continuación y entonces úselo como punto de oración hoy.

Haga una oración en sus propias palabras

Usted pudiera escribir su oración en el espacio provisto a continuación.

Discusión de grupo

Escritura clave — Romanos 3:23

"Por cuanto todos pecaron, y están destituidos de la gloria de Dios".

Apertura —Este es un tiempo de compañerismo donde cada cual puede compartir algo de su vida.

Oración —Pídale al Señor que manifieste Su presencia y comience el proceso de transformación a la semejanza de Cristo en cada participante.

Testimonio —Permítales a dos o tres integrantes del grupo que testifiquen cómo Dios ha obrado en sus vidas, ya sea por medio de encuentros diarios provistos a través de este estudio o de otra manera.

Preguntas de discusión:

1. Por lo general nuestras discusiones acerca de la salvación comienzan con la observación de que "todos hemos pecados". Sin embargo, la Biblia comienza con la afirmación de Dios en la que Su creación original fue "buena". Discutan la importancia de reconocer la bondad que originalmente heredaron Adán y Eva.

2. Discutan el hecho de que Adán y Eva fueron creados a la imagen de Dios. ¿Qué significa esto para usted?

3. ¿De qué maneras se dañó la imagen de Dios cuando Adán pecó? ¿Cómo vemose fragmentos o huellas de la imagen de Dios en la humanidad hoy?

4. Vuelva a leer el Salmo 51:1-9. ¿Cómo describió David su pecado? ¿De qué manera él ilustra la gravedad del pecado?

5. ¿Le ha pasado a usted que en alguna ocasión trató de hacer lo bueno, pero terminó haciendo lo malo? Dele la oportunidad a cada persona en el grupo para que comparta algún ejemplo de cómo diferentes aspectos en la vida han sido manchados por el pecado.

6. Permítale a cada persona que comparta lo que recuerdan de sus vidas como pecadores. ¿Cómo lucía vivir sin Dios —sufrir esa relación rota con el Creador?

Cediendo al Espíritu

Los miembros del grupo pueden forman parejas con quienes se sientan más cómodos para compartir. Tome un momento para recordarles el Pacto de Grupo, particularmente la declaración sobre la confidencialidad. Ellos pueden practicar juntos la memorización de la Escritura clave de la semana. Luego pueden discutir cualquier pensamiento de relevancia personal por el cual quisieran que el compañero les ayude a orar. Y concluyen ese tiempo de conversación orando el uno por el otro. Esté pendiente a la dirección del Espíritu Santo en el uso de los dones espirituales. Si siente compartir algo de esta manera, pídale al líder de grupo que vaya y sea testigo de lo que se diga. Esto es para proveer un testimonio confiable a todos los involucrados.

Semana 2
RELACIÓN RESTAURADA

Semana 2

Día 1

Todos deben arrepentirse

DECLARACIÓN DE FE

"Creemos . . .

Que todos han pecado y han sido destituidos de la gloria de Dios, y que el arrepentimiento es ordenado por Dios para todos y necesario para el perdón de los pecados".

Palabras para guardar en su corazón

Pero Dios, habiendo pasado por alto los tiempos de esta ignorancia, ahora manda a todos los hombres en todo lugar, que se arrepientan. (Hechos 17:30)

Sentando las bases

Esta semana nos estaremos enfocando en la doctrina del arrepentimiento como el medio que restaura la relación rota con Dios. Antes de entender cómo esto se aplica en nuestras vidas como pueblo del Espíritu, ¡debemos entender su significado! El término "arrepentimiento" puede ser definido como "el cambio de una vida como resultado de un cambio completo en pensamiento y actitud hacia el pecado y la rectitud".

El arrepentimiento es la respuesta apropiada a la poderosa convicción del Espíritu Santo. Cuando el Espíritu Santo nos revela que hemos pecado contra Dios, nos sentimos angustiados por nuestras fallas y ofensas. De modo que, el primer aspecto del arrepentimiento en un cambio en el corazón.

Ese sentimiento de angustia es seguido por un cambio de mentalidad donde creemos el evangelio. Nuestros pensamientos son alineados a los pensamientos de Dios concerniente al pecado, el perdón, Dios, Cristo y nosotros.

El cambio en nuestra mentalidad produce un cambio correspondido de dirección. Nos tornamos de nuestros pecados hacia Dios. El apóstol Pedro declaró, "Así que, arrepentíos y convertíos, para que sean borrados vuestros pecados; para que vengan de la presencia del Señor tiempos de refrigerio" (Hechos 3:19).

El arrepentimiento no tiene sustituto, y el arrepentimiento genuino no puede ser imitado. Los siguientes puntos explican un poco más la naturaleza del arrepentimiento. Primero, el arrepentimiento no consiste en hacer buenas obras para compensar por nuestras faltas. No podemos ganar nuestra salvación. El arrepentimiento no es un intento por hacernos dignos del perdón; es admitir que jamás seremos dignos y que debemos depender totalmente de la misericordia de Dios. Segundo, el arrepentimiento no es lamentarse porque nos tomaron por sorpresa. Una persona verdaderamente arrepentida no querrá ser salva en sus pecados sino de sus pecados. El arrepentimiento es un rechazo total de nuestros pecados. Tercero, el arrepentimiento es un rechazo a todos los demás dioses y un compromiso al Dios de la Biblia como nuestro único amo. Jesús declaró, por ejemplo, "No podéis servir a Dios y a las riquezas" (Mateo 6:24). Cuarto, el arrepentimiento incluye abrirse y ser honestos acerca de nuestros pecados. Somos perdonados sólo si confesamos nuestros pecados. La Biblia nos dice que, "Si confesamos nuestros pecados, él es fiel y justo para perdonar nuestros pecados, y limpiarnos de toda maldad" (1 Juan 1:9). De manera que, el arrepentimiento no incluye hacer regateos ni negociaciones con Dios, tampoco racionalizar nuestros pecados. El arrepentimiento no es hacer un trato con Dios; es un rendimiento total a la perspectiva de Dios.

Escudriñando las Escrituras

Lea 2 Timoteo 2:25

> ...Que con mansedumbre corrija a los que se oponen, por si quizá Dios les conceda que se arrepientan para conocer la verdad.

Lea Marcos 1:14-15

> Después que Juan fue encarcelado, Jesús vino a Galilea predicando el evangelio del reino de Dios, diciendo: "El tiempo se ha cumplido, y el reino de Dios se ha acercado; arrepentíos, y creed en el evangelio".

Responda a las siguientes preguntas:

1. ¿Pudiera alguna persona arrepentirse por cuenta propia, sin la ayuda de Dios?

2. ¿Cómo Dios les "otorga el arrepentimiento"?

3. Ponga atención a las tres ideas combinadas de Jesús: el reino de Dios, el arrepentimiento y creer en el evangelio. ¿Qué relación ve entre estas tres cosas?

Cediendo al Espíritu

—Saber—

La semana pasada aprendimos que todos somos culpables ante Dios. Ninguno puede escapar esta condenación a menos que se arrepienta. El arrepentimiento es un cambio de dirección que se basa en el cambio de la mentalidad y el corazón. Este cambio se inicia a través de la convicción del Espíritu Santo y es necesario para recibir perdón. Esto quiere decir que Dios no nos perdona a menos que vea el deseo interno de serles fiel en un nuevo pacto.

El mensaje de Juan el Bautista era "preparar el camino del Señor" y "dad frutos dignos de arrepentimiento" (Mateo 3:3-8). El camino del Señor es rectitud, santidad y amor. El llamado al arrepentimiento lo es para restaurar el estándar moral del camino del Señor. Juan aplicó su mensaje a los líderes religiosos, el pueblo común, los publicanos, soldados y a todos los que se toparan con su ministerio. Cada persona necesitaba arrepentirse. Y esto sigue siendo lo mismo en la actualidad.

—Ser—

¿Se acuerda del día en que usted se arrepintió y se tornó a Dios? ¿Qué recuerdos sobresaltan de esa experiencia? El aspecto más notable de mi conversion fue el rol de la iglesia. Yo fui salvo durante un servicio de avivamiento donde predicaban el evangelio. El Espíritu Santo me dio convicción, pero yo no sabía cómo responder. Algunos cristianos se reunieron a mi alrededor y me guiaron en el proceso para arrepentirme de mis pecados, guiándome a creer en Jesucristo y confesarlo como mi Salvador.

¿Alguna vez ha orado con alguien que se está arrepintiendo y recibiendo a Cristo como su Salvador? Debemos ser abiertos y estar disponibles a ser usados por Dios. Los incrédulos necesitan nuestras oraciones y guianza para nacer de nuevo. Nosotros podemos ser la diferencia en la vida de otros si les mostramos interés y un espíritu compasivo.

—Hacer—

Dedique un tiempo para reflexionar en su propia experiencia de salvación. Usted pudiera escribir su testimonio y compartirlo con otras personas. Si se presenta la oportunidad, ore con alguien y guíelo en el proceso del arrepentimiento.

Haga una oración

Señor, te doy gracias por proveernos el camino de la salvación. Entiendo que nací en pecado y que estuve viviendo en pecado hasta que Tú me encontraste. Reconozco que mis pecados me separan de Ti y que no tengo poder para mejorar. Gracias porque Tu Espíritu nos acercó. Por favor ayúdame a interesarme por los perdidos que me rodean. Dame el valor y la fe para hablarles de Tu amor y gracia. Oro para que dirijas hacia el arrepentimiento a los perdidos que viven en mi vecindario. En el nombre de Jesús. Amén.

Día 2
Un cambio de corazón

Escudriñando las Escrituras

Lea el Salmo 130

> De lo profundo, oh Jehová, a ti clamo.
>
> Señor, oye mi voz;
> Estén atentos tus oídos
> A la voz de mi súplica.
>
> JAH, si mirares a los pecados,
> ¿Quién, oh Señor, podrá mantenerse?
>
> Pero en ti hay perdón,
> Para que seas reverenciado.
>
> Esperé yo a Jehová, esperó mi alma;
> En su palabra he esperado.
>
> Mi alma espera a Jehová
> Más que los centinelas a la mañana,
> Más que los vigilantes a la mañana.
>
> Espere Israel a Jehová,
> Porque en Jehová hay misericordia,
> Y abundante redención con él;
>
> Y él redimirá a Israel
> De todos sus pecados.

Responda a las siguientes preguntas:

1. ¿Qué clase de emoción es expresada en las palabras "de lo profundo"?

2. ¿Qué significa la frase "quién podrá mantenerse"?

3. ¿Cuáles son las diferentes palabras que el salmista usa para referirse al pecado?

4. ¿Cuáles son las diferentes palabras que el salmista usa para referirse a la salvación?

Cediendo al Espíritu

—Saber—

Nuestras emociones se involucran en el arrepentimiento cuando el Espíritu Santo toca nuestro corazón y comenzamos a sentir la angustia que nuestros pecados nos han causado. La angustia causada por una relación rota se encuentra expresada en el Salmo 130 a través de las palabras "de lo profundo" (v. 1). Toda agonía, todo dolor, toda culpabilidad y toda vergüenza es algo que surge de un profundo sufrimiento y se le habla directamente al Señor. En sentido figurado, la frase "lo profundo" nos hace pensar en ese sentimiento de desesperación y urgencia que domina en la persona que se ahoga en aguas profundas y no tiene manera de salvarse (véase el Salmo 69:15). Aquí en el Salmo 130, el salmista se ahogaba en la culpabilidad y el distanciamiento causado por el pecado (v. 3); por lo tanto, un clamor desesperado va dirigido al Señor, el Dios de Israel que escuchó el clamor de los esclavos, los sacó de Egipto y se unió a ellos en un pacto.

El salmista le implora a Dios que escuche su oración. Al final del versículo 2 encontramos que la oración apelaba a la misericordia o gracia de Dios. Esa rogatoria por la gracia es un acto lleno de emoción que revela el deseo profundo del salmista por restaurar la relación del pacto con Dios.

Sin reclamar mérito alguno, el salmista confiesa la falla universal de la humanidad, y al hacerlo también confiesa su propia pecaminosidad. Si la aceptación de Dios por la humanidad se basara en lo que ve en las iniquidades, ninguno saldría absuelto, incluyendo al salmista. Las iniquidades nos prohíben de presentarnos como inocentes ante Dios, pero el perdón es del Señor. La gracia de Dios es la única fuente de esperanza. Quizás el salmista recordaba el perdón de Dios por Israel cuando ellos hicieron y adoraron un becerro de oro (Éxodo 34:9) o cuando murmuraron en Cades Barnea (Números 14:19, 20). El Señor es la única fuente de perdón.

—Ser—

En el Salmo 130 percibimos la pena y el gran lamento que produce un arrepentimiento genuino. Ese es el tipo de dolor al que se refiere Jesús cuando dijo, "Bienaventurados los que lloran, porque ellos recibirán consolación" (Mateo 5:4). Y este es el mismo dolor del cual habló Pablo cuando escribió:

> Ahora me gozo, no porque hayáis sido contristados, sino porque fuisteis contristados para arrepentimiento; porque habéis sido contristados según Dios, para que ninguna pérdida padecieseis

> por nuestra parte. Porque la tristeza que es según Dios produce arrepentimiento para salvación, de que no hay que arrepentirse; pero la tristeza del mundo produce muerte. (2 Corintios 7:9, 10)

El primer paso en el arrepentimiento es un cambio en el corazón, así como lo dijera David, "los sacrificios de Dios son el espíritu quebrantado; al corazón contrito y humillado no despreciarás tú, oh Dios" (Salmo 51:17). En el arrepentimiento se restaura la relación entre el pecador y Dios.

—Hacer—

El arrepentimiento siempre es un encuentro personal con Dios. Esto se origina cuando Dios convence a la persona de sus pecados. Es la respuesta de la persona a este acto divino de gracia lo que corrige sus propios caminos en el temor de Dios. Para quienes no conocen a Cristo como Salvador, esto les es un llamado de crisis.

Sin importar cuánto tiempo hayamos servido al Señor, nunca debemos perder el sentido de la humildad y el quebrantamiento que vemos de parte del salmista en el Salmo 130. Nuestras obras justas no nos hacen dignos de la salvación. Sin la misericordia de Dios estuviéramos perdidos aún en nuestros pecados.

Durante el estudio de las próximas semanas, propongámonos comenzar la lectura diaria de la Biblia con una oración sencilla. Y hagamos de ella una parte de nuestra rutina, como el discípulo que crece en Jesucristo y es transformado a la semejanza de Cristo por la obra del Espíritu Santo.

Haga una oración

Padre, hoy vengo ante Ti como una vasija rota. Confieso que necesito Tu gracia hoy, tanto como la necesité ayer. Al abrir Tu Palabra para leerla en este día, me abro para ser leído por Tu Espíritu. Te presento mi corazón que tiene hambre de Ti y te pido que lo llenes. Enséñame, transfórmame, complétame y equípame para servirte con fidelidad mientras espero el regreso de nuestro Salvador Jesucristo. En Su nombre oro. Amén.

Día 3

Un cambio de opinión

Escudriñando las Escrituras

Lea Mateo 21:28-31

> Pero ¿qué os parece? Un hombre tenía dos hijos, y acercándose al primero, le dijo: Hijo, ve hoy a trabajar en mi viña. Respondiendo él, dijo: No quiero; pero después, arrepentido, fue. Y acercándose al otro, le dijo de la misma manera; y respondiendo él, dijo: Sí, señor, voy. Y no fue. ¿Cuál de los dos hizo la voluntad de su padre? Dijeron ellos: El primero. Jesús les dijo: De cierto os digo, que los publicanos y las rameras van delante de vosotros al reino de Dios.

Lea Hechos 2:38

> Pedro les dijo: Arrepentíos, y bautícese cada uno de vosotros en el nombre de Jesucristo para perdón de los pecados; y recibiréis el don del Espíritu Santo.

Responda a las siguientes preguntas:

1. En Mateo 21, el primer hijo rehúsa obedecer a su padre, pero entonces cambia de opinión. ¿Cómo esta historia ilustra el arrepentimiento?

2. El segundo hijo reclamó que estaba dispuesto [a obedecer] pero no cumplió su promesa. ¿Cómo él se compara a algunos religiosos?

3. En Hechos 2, Pedro le estaba predicando al pueblo judío, pero los llamó al arrepentimiento. ¿Qué dice esto sobre la necesidad de todos arrepentirse?

Cediendo al Espíritu

—Saber—

El verdadero arrepentimiento no solo involucra las emociones (el corazón) sino también la mente, actitudes y voluntad. Deberíamos lamentarnos por nuestros pecados, pero debemos tomar la decisión de bucar perdón. Antes de ser perdonados, debemos creer que Jesucristo murió por nuestros pecados. Esa creencia conlleva un cambio de opinión con relación al pecado —no se trata de un asunto insignificante; [el pecado] da miedo, es terrible y odioso. Se necesita un cambio en lo que pensamos de nosotros mismos —nos vemos desesperanzados sin Cristo. Esto requiere que cambiemos nuestra mentalidad acerca de Dios —Él es santo y recto, pero también amoroso y misericordioso.

El arrepentimiento es necesario para todos. Como mencionáramos brevemente la semana pasada, Jesús dio la siguiente ilustración:

> En este mismo tiempo estaban allí algunos que le contaban acerca de los galileos cuya sangre Pilato había mezclado con los sacrificios de ellos. Respondiendo Jesús, les dijo: ¿Pensáis que estos ga- lileos, porque padecieron tales cosas, eran más pecadores que todos los galileos? Os digo: No; antes si no os arrepentís, todos pereceréis igualmente. O aquellos dieciocho sobre los cuales cayó la torre en Siloé, y los mató, ¿pensáis que eran más culpables que todos los hombres que habitan en Jerusalén? Os digo: No; antes si no os arrepentís, todos pereceréis igualmente. (Lucas 13:1-5).

El arrepentimiento es requerido para todos y es necesario para el perdón de los pecados.

—Ser—

¿Qué significa cuando decimos que creemos en el arrepentimiento? Para el verdadero cristiano esto significa que no reclamamos ser buenos o justos fuera de Jesucristo. Creer en el arrepentimiento significa que necesitamos la gracia de Dios. En otras palabras, que aceptamos la misericordia de Dios como el único medio de salvación. Creer en el arrepentimiento significa que estamos disponibles para compartir el evangelio con los incrédulos y que les ayudamos al momento en que se arrepienten de sus pecados para que reciban perdón.

—Hacer—

Al momento de hacernos cristianos cambia nuestra opinión acerca de Dios, Cristo, el pecado y hasta de nosotros mismos. ¿Habrá algún área en su vida distanciado de la perspectiva de Dios? Tome un momento para orar y examine su corazón. Ore como lo hizo David cuando dijo:

Haga una oración

"Examíname, oh Dios, y conoce mi corazón; pruébame y conoce mis pensamientos; y ve si hay en mí camino de perversidad, y guíame en el camino eterno" (Salmo 139:23, 24). Oh Señor, ante Ti pongo todas mis faltas y me rindo a Tu voluntad. Que mi mente sea como la mente de Cristo. Permite que cuando estudie Tu palabra, el Espíritu Santo me examine y me moldee conforme a la imagen de Jesucristo. Al igual que el salmista, pongo en Ti mi esperanza, y espero en Ti como los centinelas esperan el amanecer. Te pido estas cosas en el nombre de Jesús y para Tu gloria. Amén.

Día 4

Un cambio de dirección

Escudriñando las Escrituras

Lea Lucas 15:11-24

También dijo: Un hombre tenía dos hijos; y el menor de ellos dijo a su padre: Padre, dame la parte de los bienes que me corresponde; y les repartió los bienes. No muchos días después, juntándolo todo el hijo menor, se fue lejos a una provincia apartada; y allí desperdició sus bienes viviendo perdidamente. Y cuando todo lo hubo malgastado, vino una gran hambre en aquella provincia, y comenzó a faltarle. Y fue y se arrimó a uno de los ciudadanos de aquella tierra, el cual le envió a su hacienda para que apacentase cerdos. Y deseaba llenar su vientre de las algarrobas que comían los cerdos, pero nadie le daba. Y volviendo en sí, dijo: ¡Cuántos jornaleros en casa de mi padre tienen abundancia de pan, y yo aquí perezco de hambre! Me levantaré e iré a mi padre, y le diré: Padre, he pecado contra el cielo y contra ti. Ya no soy digno de ser llamado tu hijo; hazme como a uno de tus jornaleros. Y levantándose, vino a su padre. Y cuando aún estaba lejos, lo vio su padre, y fue movido a misericordia, y corrió, y se echó sobre su cuello, y le besó. Y el hijo le dijo: Padre, he pecado contra el cielo y contra ti, y ya no soy digno de ser llamado tu hijo. Pero el padre dijo a sus siervos: Sacad el mejor vestido, y vestidle; y poned un anillo en su mano, y calzado en sus pies. Y traed el becerro gordo y matadlo, y comamos y hagamos fiesta; porque este mi hijo muerto era, y ha revivido; se había perdido, y es hallado. Y comenzaron a regocijarse.

Responda a las siguientes preguntas:

1. El hijo menor rompió la relación entre él y su padre, pero eventualmente quiso restaurarla. Comente sobre la frase, "él volvió en sí".

2. Obviamente, el joven se sintió apenado por sus pecados, pero también ejerció su voluntad y reconoció el error de sus caminos. ¿Fue su arrepentimiento genuino?

3. ¿Podremos decir que hubo un cambio de dirección en el joven? ¿Cuál sería la evidencia?

Cediendo al Espíritu

—Saber—

El verdadero arrepentimiento no solo conlleva un cambió en el corazón y un cambio de opinión; también tiene un cambio de dirección. La predicación de Pedro incluye el siguiente mandato: "Arrepentíos y convertíos, para que sean borrados vuestros pecados" (Hechos 3:19). El arrepentimiento conlleva una "conversión", lo cual significa un cambio de curso [trayectoria] o cambio en la conducta.

Por el lado negativo, el arrepentimiento es tornarse del pasado. Cuando los efesios se tornaron al Señor, ellos destruyeron sus libros de magia (Hechos 19:19) para romper con el pasado. De igual manera, los tesalonicenses fueron conocidos por su cambio de dirección. Pablo les dijo:

> Porque partiendo de vosotros ha sido divulgada la palabra del Señor, no sólo en Macedonia y Acaya, sino que también en todo lugar vuestra fe en Dios se ha extendido, de modo que nosotros no tenemos necesidad de hablar nada; porque ellos mismos cuentan de nosotros la manera en que nos recibisteis, y cómo os convertisteis de los ídolos a Dios, para servir al Dios vivo y verdadero, y esperar de los cielos a su Hijo, al cual resucitó de los muertos, a Jesús, quien nos libra de la ira venidera. (1 Tesalonicenses 1:8-10)

Pablo los felicita por tornarse de "los ídolos", una acción que indicaba un arrepentimiento genuino de parte de ellos. Pablo y Bernabé predicaron en Listra para que ellos abandonaran esas prácticas vanas y se convirtieran a Dios (Hechos 14:15). Si nos vamos al Antiguo Testamento, leemos que el inicuo debía abandonar sus caminos" (Isaías 55:7), y que Israel debía arepentirse y apartarse de sus ídolos (Ezequiel 14:6).

Por el lado positivo, el arrepentimiento es volverse a Dios. Los tesalonicenses se volvieron a Dios dejando los ídolos con la intención de servirle. Cuando Pablo le predicó al rey Agripa, le declaró que los pecadores debían "[arrepentirse] y [convertirse] a Dios, haciendo obras dignas de arrepentimiento" (Hechos 26:20).

El libro de Santiago es un manual muy práctico para vivir la vida cristiana. El pasaje de la Escritura en el cual nos enfocamos hoy es un buen resumen de toda esta carta. Es un llamado a vivir lo que creemos. Santiago puso tanto énfasis en esto que algunos han insinuado que él y Pablo estaban en desacuerdo en el asunto de la fe y las obras —¡pero esto no es cierto! Ambos creyeron en la necesidad de demostrar a través de nuestras vidas el contenido de nuestra fe —o en nuestro caso, ¡nuestra Declaración de Fe!

—Ser—

El verdadero arrepentimiento en un cambio de dirección, es alejarse de las cosas del pasado y volverse hacia Dios para servirle y esperar la venida de Jesús. Para algunos es difícil vivir la vida cristiana porque nunca han hecho un cambio completo de dirección. Es imposible servir a Dios si todavía estamos aferrados al pasado —pecados pasados, heridas pasadas, decepciones pasadas, deseos pasados, ídolos pasados y esperanzas pasadas. La transformación seguramente resulta al romper con el pasado.

—Hacer—

¿Está usted aferrado al pasado? ¿Siente que todavía guarda alguna rencilla? ¿Mantiene algún pecado oculto? ¿Ha sido deshonesto en sus palabras o acciones? Usted debe ser honesto consigo mismo y con Dios. Decídase este día a someter todo aspecto de su vida a la autoridad de la Palabra de Dios.

Haga una oración

Señor, te doy gracias por el Espíritu Santo porque alcanzó mi corazón e hizo que me arrepentiera de mis pecados. He cambiado mi corazón, mi mente y dirección. Sin embargo, te confiezo que el enemigo ha tratado de hacer que yo retome cosas del pasado. Pero he decidido liberar todo del pasado y tenerlo como basura para aferrarme fuertemente a Tu mano. Necesito Tu misericordia, gracia y fortaleza para caminar por la fe esta nueva vida. Así como Cristo se entregó por mí, yo deseo entregarle mi todo. En el nombre de Jesús. Amén.

Día 5

Una vida penitente

Escudriñando las Escrituras

Lea Apocalipsis 2:1-5

> Escribe al ángel de la iglesia en Efeso: El que tiene las siete estrellas en su diestra, el que anda en medio de los siete candeleros de oro, dice esto: Yo conozco tus obras, y tu arduo trabajo y paciencia; y que no puedes soportar a los malos, y has probado a los que se dicen ser apóstoles, y no lo son, y los has hallado mentirosos; y has sufrido, y has tenido paciencia, y has trabajado arduamente por amor de mi nombre, y no has desmayado. Pero tengo contra ti, que has dejado tu primer amor. Recuerda, por tanto, de dónde has caído, y arrepiéntete, y haz las primeras obras; pues si no, vendré pronto a ti, y quitaré tu candelero de su lugar, si no te hubieres arrepentido.

Responda a las siguientes preguntas:

1. Jesús le pidió a Juan que escribiera un mensaje profético para la iglesia de Éfeso. ¿Cuáles fueron las palabras de afirmación dichas por Jesús para esta iglesia?

2. ¿En qué fallaba la iglesia de Éfeso?

3. ¿Cómo puede la iglesia corregir su error?

4. Comente sobre la necesidad de arrepentimiento que tenía la iglesia de Éfeso.

Cediendo al Espíritu

—Saber—

Por lo general asociamos el arrepentimiento con la experiencia inicial de la conversion, y así debemos hacerlo. No obstante, la Biblia también nos enseña que el arrepentimiento es necesario en la vida de la iglesia y de los cristianos. El arrepentimiento mencionado en Apocalipsis 2:5 no es el mismo arrepentimiento de los incrédulos que se tornan a Dios por primera vez; más bien se refiere al arrepentimiento de los creyentes.

En el Nuevo Testamento, el llamado al arrepentimiento va dirigido hacia los incrédulos (Hechos 17:30), los judíos (Hechos 2:38) y todos los cristianos (Apocalipsis 2:5); y para cada uno de estos grupos se usa la misma palabra en griego (*metanoeo*) para referirse al "arrepentimiento". El verdadero arrepentimiento incluye el acto de confesar los pecados, sin diferenciar entre incrédulo (Marcos 1:5), judío (Mateo 3:2-7), o cristiano (1 Juan 1:9).

Además del arrepentimiento inicial (en la conversión), el

arrepentimiento es la gracia que se practica al vivir en Cristo. Hay dos factores en el arrepentimiento que son necesarios para el cristiano. El primer factor es el crecimiento del creyente en gracia y conocimiento. A medida que los creyentes maduran, están conscientes de los defectos que deben echar a un lado (Hebreos 12:1). El segundo factor es cuando el creyente sabe que hay pecado en su vida (1 Juan 1:9). Cada cristiano debe tener cautela para evitar caer en las obras de la carne (Gálatas 5: 16-26). Si descubrimos una raíz de altivez, amargura, envidia u otra obra de la carne, debemos arrepentirnos inmediatamente.

—Ser—

En lugar de ser un acontecimiento de una [sola] ocasión, la salvación es una jornada que combina crisis y desarrollo. A medida que maduramos en nuestra jornada, escudriñamos nuestro corazón y nos arrepentimos con el fin de buscar la manera de vivir para Cristo. Esto es esencial en la renovación, y la vida que no está en continua renovación muere. Un ejemplo de esto lo fue Juan Wesley quien le urgía a sus compañeros que se examinaran diariamente y que se arrepentieran de cualquier pecado cometido u omitido.

El arrepentimiento corporativo es un tema significativo que se encuentra en la Escritura (por ejemplo, Salmo 130: 7, 8 y Joel 2). Aunque la Escritura exige el arrepentimiento individual, el arrepentimiento corporativo tiene la misma severidad y debe ser practicado por las iglesias. Al final de Sus mensajes proféticos a las iglesias en Asia menor, Jesús las llamó al arrepentimiento (Apocalipsis 2:5, 16, 21, 22; 3:3, 19).

La Escritura nos urge a que nos ayudemos cuando nos arrepentimos. Santiago escribió, "Confesaos vuestras ofensas unos a otros, y orad unos por otros, para que seáis sanados. La oración eficaz del justo puede mucho" (Santiago 5:16).

—Hacer—

La vida de continuo arrepentimiento se logra por medio de varias prácticas pentecostales, incluyendo el lavatorio de pies, la Santa Cena y el llamado al altar después de la predicación. El lavatorio de pies es un sacramento dirigido más directamente al pecado después de la conversión, e igualmente la Santa Cena provee la oportunidad para que los creyentes se examinen (1 Corintios 11:28) y se arrepientan de cualquier pecado que saben que han cometido. El arrepentimiento puede ser también la respuesta a la predicación de la Palabra de Dios, cuando el ministro le da oportunidad a la congregación para orar en el altar o arrodillarse junto a sus asientos para buscar el rostro de Dios.

Usted puede separar un tiempo regular para pedirle a Dios en oración que le revele cualquier área en su vida que no Le agrada. Así usted puede arrepentirse y buscar la fortaleza y la victoria de parte de Dios en esas áreas.

Haga una oración en sus propias palabras

Haga una lista de las mayores tentaciones que enfrenta, y haga una oración de arrepentimiento donde pida poder para abandonar esas cosas y dejarlas en el olvido.

Discusión de grupo

Escritura clave —Gálatas 6:1-3

Hermanos, si alguno fuere sorprendido en alguna falta, vosotros que sois espirituales, restauradle con espíritu de mansedumbre, considerándote a ti mismo, no sea que tú también seas tentado. Sobrellevad los unos las cargas de los otros, y cumplid así la ley de Cristo. Porque el que se cree ser algo, no siendo nada, a sí mismo se engaña.

Apertura —Este es un tiempo de compañerismo donde cada cual puede compartir algo de su vida.

Oración —Pídale al Señor que manifieste Su presencia y comience el proceso de transformación a la semejanza de Cristo en cada participante.

Testimonio —Permítales a dos o tres integrantes del grupo que testifiquen cómo Dios ha obrado en sus vidas, ya sea por medio de encuentros diarios provistos a través de este estudio o de otra manera.

Preguntas de discusión:

1. Discuta las normas y prácticas de su iglesia para tratar con los cristianos que han caído en pecado.

2. ¿Habrá otras maneras en que su iglesia puede hacer un mejor trabajo en levantar a los caídos?

3. ¿Cuán importante es la confidencialidad en el proceso de restauración de los hermanos caídos?

4. Discuta algunas de las áreas más communes donde los cristianos ceden a la tentación.

5. Permítale a cada persona compartir alguna Escritura relacionada a la victoria obtenida sobre la tentación. ¿Cómo podemos ayudarnos para obtener la victoria?

Cediendo al Espíritu

Los miembros del grupo pueden forman parejas con quienes se sientan más cómodos para compartir. Tome un momento para recordarles el Pacto de Grupo, particularmente la declaración sobre la confidencialidad. Ellos pueden practicar juntos la memorización de la Escritura clave de la semana. Luego pueden discutir cualquier pensamiento de relevancia personal por el cual quisieran que el compañero les ayude a orar. Y concluyen ese tiempo de conversación orando el uno por el otro. Esté pendiente a la dirección del Espíritu Santo en el uso de los dones espirituales. Si siente compartir algo de esta manera, pídale al líder de grupo que vaya y sea testigo de lo que se diga. Esto es para proveer un testimonio confiable a todos los involucrados.

Semana 3

VIVIENDO EN CRISTO

DECLARACIÓN DE FE

♦♦♦♦♦

"Creemos . . .

Que la justificación, la regeneración y el nuevo nacimiento se efectúan por fe en la sangre de Jesucristo".

Semana 3

Día 1

Perdonados

DECLARACIÓN DE FE

"Creemos ....

Que la justificación, la regeneración y el nuevo nacimiento se efectúan por fe en la sangre de Jesucristo".

Palabras para guardar en su corazón

Mas Dios muestra su amor para con nosotros, en que siendo aún pecadores, Cristo murió por nosotros. Pues mucho más, estando ya justificados en su sangre, por él seremos salvos de la ira. Porque si siendo enemigos, fuimos reconciliados con Dios por la muerte de su Hijo, mucho más, estando reconciliados, seremos salvos por su vida. (Romanos 5:8-10)

Sentando las bases

Nuestro enfoque de esta semana consiste en la doctrina de la conversión, la cual se expresa en la enseñanza de que la **justificación, la regeneración y el nuevo nacimiento se efectúan por la fe en la sangre de Jesucristo**. Esta declaración hace claro que somos salvos por la gracia a través de la fe. Nuestra relación con Dios es restaurada solamente a causa de la muerte sacrificada de Cristo. Es por Su mérito que somos redimidos. Esta relación restaurada con Dios se sostiene por medio de la fe en Cristo y no por nuestras obras.

Durante el estudio de esta semana consideraremos dos aspectos de nuestra salvación: justificación y regeneración (llamado también nuevo nacimiento). La palabra "justificación significa demostrar la razón por la cual una persona está en lo correcto. En términos bíblicos es la declaración de alguien como "justo". Sin la gracia de Dios, no obs- tante, ninguno de nosotros tuviera derecho ni justicia—todos estamos condenados como pecadores. Pablo escribe, "No hay justo, ni aun uno" (Romanos 3:10). Cuando venimos a Dios por fe, Él perdona nuestros pecados pasados a causa del sacrificio de Jesús en la cruz, y Él nos declara justos, restaurando así nuestra relación con Él. Somos "justificados gratuitamente por su gracia" (Romanos 3:24). La justificación es equivalente al perdón. Dios sabe que somos culpables, pero nos perdona para que no suframos más el castigo de nuestros pecados. Somos justificados, no por nuestras obras, sino por nuestra fe en Jesucristo. Somos libres por la gracia de Dios y Su perdón restaura nuestra relación rota con Dios. Esto nos lleva a tener paz con Dios.

La palabra "regeneración" significa volver a nacer. La regeneración es el regalo de vida eterna que Dios nos da a los muertos espiritualmente. Ser regenerado también se conoce como el acto de "nacer otra vez", "nacer de Dios" y "nacer del

Espíritu". Este impartimiento de vida nos capacita para amar y obedecer a Dios. Por la tanto, la regeneración nos libertad del **poder** del pecado, en contraste a la justificación, la cual nos libra de la **culpabilidad** del pecado. La justificación es algo que Dios hace **por** nosotros, y la regeneración es algo que Dios hace **en** nosotros. La justificación y la regeneración van de la mano —es imposible tener el uno sin el otro. Nosotros experimentamos tanto la justificación como la regeneración en un acto prácticamente instántaneo y esencialmente simultáneo. Tan pronto como Dios nos perdona, Él nos da nueva vida.

Escudriñando las Escrituras

Lea Romanos 3:24, 28

> Siendo **justificados** gratuitamente por su gracia, mediante la redención que es en Cristo Jesús. . . Concluimos, pues, que el hombre es **justificado por fe** sin las obras de la ley.

Lea Tito 3:5

> Nos salvó, no por obras de justicia que nosotros hubiéramos hecho, sino por su misericordia, por el lavamiento de la regeneración y por la renovación en el Espíritu Santo.

Lea 1 Pedro 1:23

> . . . Siendo **renacidos**, no de simiente corruptible, sino de incorruptible, por la palabra de Dios que vive y permanece para siempre.

Lea Colosenses 1:14

> . . . En quien tenemos redención por **su sangre**, el perdón de pecados.

Responda a las siguientes preguntas:

1. Luego de leer Romanos 3:24 y 28, explique la relación entre la fe, la gracia y la justificción.

2. A la luz de lo que dice en Tito 3:5, reflexione en la combinación de "regeneración" y "renovación" del Espíritu.

3. De acuerdo a 1 Pedro 1:23, ¿cuál es el rol de la Palabra de Dios en el nuevo nacimiento?

4. De acuerdo a Colosenses 1:14, ¿cuál es la base de nuestra "redención" y el "perdón" de nuestros pecados?

Cediendo al Espíritu

—Saber—

Cuando hablamos de la salvación, la Biblia usa una rica variedad de palabras y símbolos, cada cual enfatizando algún beneficio específico de la gracia de Dios. Por medio de la fe en la sangre de Cristo somos justificados (Romanos 5:9); redimidos (Efesios 1:7); perdonados (Hebreos 9:22); convertidos (Mateo 18:3); adoptados (Gálatas 4:5); nacidos de nuevo (Juan 1:13); limpios (Hebreos 9:14); re- conciliados con Dios (Colosenses 1:20); libertados (Romanos 5:9); tenemos vida eterna (Juan 6:54); sanados (Juan 12:40); lavados (Apocalipsis 1:5); hechos nuevas criaturas en Cristo (2 Corintios 5:17).

—Ser—

En el acto poderoso de la salvación, Dios transforma a los pecadores en santos. Dios restaura la relación rota entre Él y la humanidad. Nos restaura a la imagen de Dios que ha sido manchada por el pecado. Nos rescata del reino de las tinieblas al reino de Dios (Colosenses 1:13). Él nos hace Sus hijos y parte de Su familia (Juan 1:12).

—Hacer—

Al prepararse para cada día durante el resto de este estudio, comience con la siguiente oración.

Haga una oración

Señor gracias por la gracia que me has extendido a través de Jesucristo. Yo estaba perdido, pero he sido hallado. Estaba ciego, pero ahora veo. Es mi deseo entender mejor el camino de la salvación. Te pido que me hables durante esta semana a través de Tu Palabra. Hago la misma oración que hizo Pablo por los efesios, que me des el espíritu de sabiduría y revelación en el conocimiento Tuyo, que los ojos de mi entendimiento sean alumbrados; que yo conozca la esperanza de Tu llamado y cuáles son las riquezas de la gloria de Tu heredad. Y cuál es la grandeza excedente de Tu poder para los que creemos, de acuerdo al gran poder que operó en Cristo cuando Lo levantaste de entre los muertos y lo sentaste a Tu diestra en los lugares celestiales. En el nombre de Jesús. Amén.

Día 2

Declarados justos

Escudriñando las Escrituras

Lea Romanos 5:1-10

> Justificados, pues, por la fe, tenemos paz para con Dios por medio de nuestro Señor Jesucristo; por quien también tenemos entrada por la fe a esta gracia en la cual estamos firmes, y nos gloriamos en la esperanza de la gloria de Dios. Y no sólo esto, sino que también nos gloriamos en las tribulaciones, sabiendo que la tribulación produce paciencia; y la paciencia, prueba; y la prueba, esperanza; y la esperanza no avergüenza; porque el amor de Dios ha sido derramado en nuestros corazones por el Espíritu Santo que nos fue dado. Porque Cristo, cuando aún éramos débiles, a su tiempo murió por los impíos. Ciertamente, apenas morirá alguno por un justo; con todo, pudiera ser que alguno osara morir por el bueno. Mas Dios muestra su amor para con nosotros, en que siendo aún pecadores, Cristo murió por nosotros. Pues mucho más, estando ya justificados en su sangre, por él seremos salvos de la ira. Porque si siendo enemigos, fuimos reconciliados con Dios por la muerte de su Hijo, mucho más, estando reconciliados, seremos salvos por su vida.

Responda a las siguientes preguntas:

1. ¿Cómo tenemos paz con Dios?

2. ¿Cómo tenemos acceso a la gracia?

3. ¿Por quiénes murió Cristo?

4. ¿Cuál era nuestra relación con Dios antes de ser reconciliados con Él?

Cediendo al Espíritu

—Saber—

La justificación fue una palabra importante para Saulo de Tarso al momento en que, yendo camino a Damasco, se encontró con Cristo en una visión (Hechos 9:1-22). Saulo había estado ocupado persiguiendo a los cristianos, echándolos en la cárcel y hasta matando a algunos de ellos (Hechos 22:4), pero cuando conoció a Jesús todo cambió. El perseguidor se convirtió en profeta; el asesino se convirtió en ministro; el agitador se convirtió en apóstol. Pablo aprendió que la justificación es perdón, y él escribió, "Cristo Jesús vino al mundo para salvar a los pecadores, de los cuales yo soy el primero" (1 Timoteo 1:15). Él aprendió que la justificación es perdón; y que ésta tiene que ver con el don para hacer justicia. La justificación y la rectitud tienen su misma raíz en los idiomas bíblicos originales. El que es justificado recibe la justicia de Dios por medio de Su Espíritu (Romanos 3:22). Pablo pensaba que era justo (Filipenses 3:4-8); pensó que hacía lo correcto; pero sólo en su transformación en el camino a Damasco fue hecho justo. Sólo a través de Cristo, Pablo pudo recibir "la justicia que es de Dios por la fe" (Filipenses 3:9). Antes de conocer a Cristo,

Pablo vivía baja la carga del jucio, pero después de rendirse a Cristo, ya no era más culpable ni condenado (Romanos 8:1). Él aprendió que cuando somos "justificados, pues, por la fe, tenemos paz para con Dios" (Romanos 5:1).

—Ser—

La justificación es más que una teoría o doctrina. Es más que un punto teológico para discutir. Dios llamó a Abraham y le prometió que tendría hijos y que poseería la tierra de Canáan (Génesis 12:1-3). De manera que, para Abraham la justificación significaba familia, y un futuro para sus hijos; significaba que las promesas de Dios se cumplirían. Cuando Dios "justifica al impío, su fe le es contada" (Romanos 4:5), y "creyó Abraham a Dios, y le fue contado por justicia" (Romanos 4:3). La justificación fue fue de gran interés para Zaqueo, un hombre conocido por todos como un pecador. Como Jesús es "justo y el que justifica al que es de la fe" en Él (Romanos 3:26), Zaqueo escuchó a Jesús decir, "Hoy ha venido la salvación a esta casa" (Lucas 19:2-9). Al ladrón colgado y moribundo en una cruz, la justificación es una preocupación genuina. A este hombre pecaminoso, cuyo último aliento fue una súplica de perdón, la justificación significó ser arrancado de las llamas del infierno que lamían sus pies. Como Dios justifica a los pecadores, el ladrón escuchó a Jesús decir, "Hoy estarás conmigo en el paraíso" (Lucas 23:43).

—Hacer—

Dado a que somos salvos por gracia, no hay lugar para la vanagloria ni la autojusticia. Vivimos y trabajamos juntos y agradecidos por la gracia de Dios que ha sido derramada sobre nosotros individual y corporalmente. Durante el estudio de las próximas semanas dedíquese a orar en agradecimiento a Dios por Su la gracia salvadora.

Haga una oración

Padre celestial te doy gracias por el regalo de la vida eterna en Jesucristo. A través de Cristo, vengo a Ti con una fe humilde pero confiada. Es mi oración no desmayar cuando pruebas mi fe. Me inclino ante Ti, mi Padre, y te pido que fortalezcas mi ser interior a través de Tu Espíritu; que por la fe, Cristo more en mi corazón; que yo pueda echar raíces y estar arraigado en amor; que yo pueda comprender la profundidad de Tu amor que sobrepasa todo entendimiento; y que pueda estar lleno de Tu Espíritu Santo. Tú eres capaz de hacer mucho más de lo que yo pueda pedir o imaginar. A Ti te doy la gloria por Cristo Jesús. Amén.

Día 3

Nacidos de nuevo

Escudriñando las Escrituras

Lea Juan 3:3-5

> Respondió Jesús y le dijo: De cierto, de cierto te digo, que el que no **naciere de nuevo**, no puede ver el reino de Dios. Nicodemo le dijo: ¿Cómo puede un hombre nacer siendo viejo? ¿Puede acaso entrar por segunda vez en el vientre de su madre, y nacer? Respondió Jesús: De cierto, de cierto te digo, que el que no naciere de agua y del Espíritu, no puede entrar en el reino de Dios.

Lea 1 Pedro 1:3

> Bendito el Dios y Padre de nuestro Señor Jesucristo, que según su grande misericordia nos hizo **renacer** para una esperanza viva, por la resurrección de Jesucristo de los muertos.

Lea 1 Pedro 1:23

> Siendo **renacidos**, no de simiente corruptible, sino de incorruptible, por la palabra de Dios que vive y permanece para siempre.

Responda a las siguientes pregutnas:

1. Jesús explica en Juan 3:3-5 el requisito para entrar al reino de Dios. ¿Cuál es?

2. ¿Cómo afectan la misericordia de Dios y la resurrección de Cristo el nuevo nacimiento?

3. ¿Cómo afecta la "palabra de Dios" el nuevo nacimiento?

Cediendo al Espíritu

—Saber—

En el libro de los Hechos, leemos que el evangelista Felipe fue guiado por el Espíritu Santo para hablarle a un hombre de Etiopía. El etíope experimentó el nuevo nacimiento mientras iba en su cabalgadura y leía la profecía de Isaías que decía, "como cordero fue llevado al matadero; y como oveja delante de sus trasquiladores, enmudeció, y no abrió su boca" (Isaías 53:7). El etíope le preguntó a quién se refería el profeta cuando dijo esas cosas. Felipe, el evangelista comenzó a predicarle, tomando de partida esa Escritura acerca de Jesús. El etíope creyó la Escritura y nació de nuevo por medio del Espíritu Santo (Hechos 8:27-39). Él aprendió que nacer de nuevo es tener un nuevo origen y una nueva naturaleza descrita en la Palabra de Dios (1 Pedro 1:23), ser recreado en la imagen de Dios, tener un nuevo comienzo con Dios y un nuevo comienzo de la vida dada por el Espíritu de Dios (Juan 3:3-7). (Las palabras regeneración y nuevo nacimiento tienen el mismo significado. Por ejemplo, en Tito 3:5, algunas traducciones indican regeneración, mientras que otras dicen nuevo nacimiento.) Nacer otra vez es la experiencia de la restauración a la imagen de Dios, ser tan inocente como un recién nacido. En el simbolismo del éxodo de Israel de la esclavitud de Egipto, nacer de nuevo es pasar a través de las aguas del nacimiento al igual como Israel pasó el mar Rojo. Luego de pasar el mar, Israel comenzó un nuevo caminar con su Salvador; y luego de pasar por las aguas del nuevo nacimiento, el eunuco etíope entró en un nuevo pacto (Jeremías 31:31; Hebreos 12:24) y entró en una vida de fe como parte de la familia de Dios (Gálatas 3:26).

—Ser—

¿Cómo nuestra vida diaria se ve afectada por la verdad de la regeneración? El que nace de nuevo recibe la nueva vida por medio del Espíritu Santo. Esta nueva vida es mucho más que la extensión de la vida vieja o una mejoría de ella. Esta nueva vida es la vida de Dios que nos ha sido dada en el cuerpo y la sangre de Jesús (Juan 6:53). De hecho, la vida vieja no es realmente vida; es muerte (Juan 5:24). El que nace de nuevo tiene una nueva vida que le es dada y sostenida por la Palabra de Dios, una vida que puede vivir victoriosamente sobre el pecado y el diablo (1 Juan 3:9, 10). Quienes han nacido de nuevo no pueden ser heridos por la segunda muerte (Apocalipsis 2:11). En cuanto a la persona que nace de nuevo, Dios dice una palabra final: "El que vencie- re heredará todas las cosas, y yo seré su Dios, y él será mi hijo" (Apocalipsis 21:7).

—Hacer—

¿De qué maneras el nuevo nacimiento ha hecho la diferencia en su vida? Describa brevemente su experiencia en dos o tres oraciones en esta página.

Haga una oración

Padre celestial, gracias por encontrarme y darme una nueva vida espiritual a través de Jesucristo. Al nacer de nuevo puedo amarte libremente y puedo amar a otros genuinamente. Tú has llenado mi vida de bondad; por lo tanto, quiero alabarte por siempre.

Al pensar en Tu influencia sobre mi vida, puedo darme cuenta que puedo mejorar. Rindo mi ser a la obra del Espíritu

Santo y Te pido que me moldees conforme a Tu voluntad. Yo deseo ser como Cristo, y creo que Tú puedes completar la obra que comenzaste en mí. En el nombre de Jesús. Amén.

Día 4

Hijos de Dios

Escudriñando la Escritura

Lea Romanos 8:14-17

> Porque todos los que son guiados por el Espíritu de Dios, éstos son hijos de Dios. Pues no habéis recibido el espíritu de esclavitud para estar otra vez en temor, sino que habéis recibido el espíritu de adopción, por el cual clamamos: ¡Abba, Padre! El Espíritu mismo da testimonio a nuestro espíritu, de que somos hijos de Dios. Y si hijos, también herederos; herederos de Dios y coherederos con Cristo, si es que padecemos juntamente con él, para que juntamente con él seamos glorificados.

Responda a las siguientes preguntas:

1. ¿Qué significa ser guiados por el Espíritu de Dios?

2. Explique el contraste entre el "espíritu de esclavitud" y el "Espíritu de adopción".

3. Como hijos de Dios, somos también herederos de Dios. ¿Cuáles son las cosas que heredamos de Dios?

Cediendo al Espíritu

—Saber—

El que nace de nuevo se convierte en hijo de Dios y Dios le asegura que Le pertenece. Él quiere que "que sepáis que tenéis vida eterna" (1 Juan 5:13). ¿Pero cómo podemos saber que hemos nacido otra vez? En primer lugar, nuestro espíritu recibe este testimonio: "El que cree en el Hijo de Dios, tiene el testimonio en sí mismo" (1 Juan 5:10). Segundo, está el testimonio del Espíritu Santo: "El Espíritu mismo da testimonio a nuestro espíritu, de que somos hijos de Dios"

(Romanos 8:16). El testimonio de nuestro propio espíritu viene de nuestra propia consciencia. El testimonio del Espíritu Santo viene directamente de Dios. No llegamos a esta convicción por medio del razonamiento o porque lo asumimos; esto es algo que sabemos.

La seguridad de que hemos nacido de nuevo es el resultado de la conversión en "participantes de la naturaleza divina" (2 Pedro 1:4). La mayor marca del nuevo nacimiento es el amor —el amor de Dios es derramado en nuestros corazones por el Espíritu Santo (Romanos 5:5). Ya no nos amaremos más a nosotros que cualquier otra cosa. Tan pronto nos convertimos en hijos de Dios, sentimos un profundo amor por Dios y por la gente. No solamente amamos a Dios, también amamos Sus enseñanzas y tenemos el deseo de obedecer Sus mandamientos.

—*Ser*—

¿De qué manera nos transforma esta verdad? ¿Cómo afecta nuestra vida diaria? Juan explica el amor dentro de los hijos de Dios:

> Amados, amémonos unos a otros; porque el amor es de Dios. Todo aquel que ama, es nacido de Dios, y conoce a Dios. El que no ama, no ha conocido a Dios; porque Dios es amor. En esto se mostró el amor de Dios para con nosotros, en que Dios envió a su Hijo unigénito al mundo, para que vivamos por él. En esto consiste el amor: no en que nosotros hayamos amado a Dios, sino en que él nos amó a nosotros, y envió a su Hijo en propiciación por nuestros pecados. Amados, si Dios nos ha amado así, debemos también nosotros amarnos unos a otros. Nadie ha visto jamás a Dios. Si nos amamos unos a otros, Dios permanece en nosotros, y su amor se ha perfeccionado en nosotros. En esto conocemos que permane- cemos en él, y él en nosotros, en que nos ha dado de su Espíritu (1 Juan 4:7-13).

—Hacer—

¿Está usted seguro que es hijo de Dios? ¿Mora en usted el Espíritu Santo? ¿Ama usted a Dios y a su prójimo? ¿Disfruta servir y adorar a Dios? Todos tenemos nuestras altas y bajas, nuestros días buenos y nuestros días malos. Todavía no lo hemos "alcanzado" todo; estamos en el proceso de crecimiento. Haga una lista de las áreas en su vida donde puede mejorar, y ore para que Dios le ayude a lograrlo.

Haga una oración

Padre celestial, me uno a David en esta oración:

> Bendice, alma mía, a Jehová, y bendiga todo mi ser su santo nombre. Bendice, alma mía, a Jehová, y no olvides ninguno de sus beneficios. El es quien perdona todas tus iniquidades, el que sana todas tus dolencias; el que rescata del hoyo tu vida, el que te corona de favores y misericordias; el que sacia de bien tu boca de modo que te rejuvenezcas como el águila. Jehová es el que hace justicia yderecho a todos los que padecen violencia. Sus caminos notificó a Moisés, y a los hijos de Israel sus obras. Misericordioso y clemente es Jehová; lento para la ira, y grande en misericordia. No contenderá para siempre, ni para siempre guardará el enojo. No ha hecho con nosotros conforme a nuestras iniquidades, ni nos ha pagado conforme a nuestros pecados. Porque como la altura de los cielos sobre la tierra, engrandeció su misericordia sobre los que le temen. Cuanto está lejos el oriente del occidente, hizo alejar de nosotros nuestras rebeliones. Como el padre se compadece de los hijos, se compadece Jehová de los que le temen. Porque él conoce nuestra condición; se acuerda de que somos polvo. El hombre, como la hierba son sus días; florece como la flor del campo, que pasó el viento por ella, y pereció, y su lugar no la conocerá más (Salmo 103:1-16).

Gracias porque me has hecho uno de Tus hijos y porque has puesto en mí Tu Espíritu. Gracias por la nueva vida en Jesucristo. En el nombre de Jesús. Amén.

Día 5

Llenos del Espíritu

Escudriñando la Escritura

Lea Ezequiel 36:25-28

> Esparciré sobre vosotros agua limpia, y seréis limpiados de todas vuestras inmundicias; y de todos vuestros ídolos os limpiaré. Os daré corazón nuevo, y pondré espíritu nuevo dentro de vosotros; y quitaré de vuestra carne el corazón de piedra, y os daré un corazón de carne. Y pondré dentro de vosotros mi Espíritu, y haré que andéis en mis estatutos, y guardéis mis preceptos, y los pongáis por obra. Habitaréis en la tierra que di a vuestros padres, y vosotros me seréis por pueblo, y yo seré a vosotros por Dios.

Responda a las siguientes preguntas:

1. En Ezequiel 36, Dios le habla a Israel sobre el nuevo pacto en Jesucristo. Hay seis cosas que Dios les dice que hará. Haga una lista de ellas.

2. ¿Cómo la combinación de un "nuevo corazón" y "nuevo espíritu" se relacionan a lo que ya ha aprendido acerca de la regeneración?

3. ¿Cuáles son los resultados de tener el Espíritu de Dios dentro de nosotros?

Cediendo al Espíritu

—Saber—

Hablamos sobre los efectos de la justificación y regeneración (nuevo nacimiento). La justificación es el acto de perdón que restaura nuestra relación de pacto con Dios. Somos libres de la culpabilidad y declarados justos. La regeneración es el nuevo nacimiento que implanta en nosotros la nueva vida y provisionalmente restaura en nosotros la imagen de Dios. El Espíritu Santo nos da fuerzas para caminar con Dios en una relación restaurada y que sea el sustento de la nueva vida en nosotros. El Espíritu Santo viene a morar en nuestros corazones cuando nos hacemos cristianos (Romanos 5:9). Cuando nacemos de Dios nacemos también del Espíritu (Juan 3:5, 6).

Antes de Su crucifixión Jesús les prometió a Sus discípulos que el Espíritu Santo vendría a vivir en ellos. Él dijo:

> Y yo rogaré al Padre, y os dará otro Consolador, para que esté con vosotros para siempre: el Espíritu de verdad, al cual el mundo no puede recibir, porque no le ve, ni le conoce; pero vosotros le conocéis, porque mora con vosotros, y estará en vosotros. (Juan 14:16, 17)

Luego de la crucifixión y resurreción de Jesús, el Espíritu Santo se derramó sobre los discípulos. Luego, cuando Pedro le predicó a la muchedumbre, él les explicó que la promesa de Jesús era para todo el que se hiciera cristiano:

> Pedro les dijo: Arrepentíos, y bautícese cada uno de vosotros en el nombre de Jesucristo para perdón de los pecados; y recibiréis el don del Espíritu Santo. (Hechos 2:38).

—Ser—

¿De qué manera nos transforma la llenura del Espíritu? ¿Cuáles son los efectos del Espíritu Santo en nuestras vidas? Hay dos pasajes de la Escritura que elaboran sobre el rol del Espíritu Santo en la vida del creyente. En el evangelio de Juan, Jesús declara que el Espíritu guiaría a todos los creyentes a la verdad, hablaría las cosas que han de acontecer y glorificaría a Jesús.

> Pero cuando venga el Espíritu de verdad, él os **guiará a toda la verdad**; …y os **hará saber las cosas que habrán de venir**. El **me glorificará**; porque tomará de lo mío, y os lo hará saber. (Juan 16:13, 14)

Pablo declara un punto similar en su carta a los Romanos:

> Y de igual manera el Espíritu nos ayuda en nuestra debilidad; pues qué hemos de pedir como conviene, no lo sabemos, pero el Espíritu mismo intercede por nosotros con gemidos indecibles. Mas el que escudriña los corazones sabe cuál es la intención del Espíritu, porque conforme a la voluntad de Dios intercede por los santos. (Romanos 8:26, 27)

Este segundo pasaje de la Escritura describe cómo el Espíritu Santo nos ayuda a orar cuando nuestro conocimiento está limitado. El Espíritu nos guía a orar de acuerdo a la voluntad de Dios. ¿Ha experimentado usted estos beneficios del Espíritu Santo en su propia vida?

—*Hacer*—

Lea nuevamente la escritura de hoy, y pídale al Espíritu Santo que encienda la luz de su entendimiento. Léalo cuidadosamente y en oración. Quizás se dé cuenta de algo que haya pasado por alto anteriormente, algo que el Espíritu Santo quiere hablarle a su entendimiento con Su Palabra inspirada. De ser así, haga sus apuntes en el espacio a continuación y úselo en su oración en este día.

Haga una oración en sus propias palabras

Escriba su oración en el espacio aquí provisto.

Discusión de grupo

Escritura clave —Romanos 5:8-10

Mas Dios muestra su amor para con nosotros, en que siendo aún pecadores, Cristo murió por nosotros. Pues mucho más, estando ya justificados en su sangre, por él seremos salvos de la ira. Porque si siendo enemigos, fuimos reconciliados con Dios por la muerte de su Hijo, mucho más, estando reconciliados, seremos salvos por su vida.

Apertura —Este es un tiempo de compañerismo donde cada cual puede compartir algo de su vida.

Oración —Pídale al Señor que manifieste Su presencia y comience el proceso de transformación a la semejanza de Cristo en cada participante.

Testimonio —Permítales a dos o tres integrantes del grupo que testifiquen cómo Dios ha obrado en sus vidas, ya sea por medio de encuentros diarios provistos a través de este estudio o de otra manera.

Preguntas de discusión:

1. Permítale a cada persona que comparta el testimonio de su conversión.

2. Discutan las similitudes y diferencias de los testimonios escuchados.

3. ¿Cómo se comparan sus testimonios a la conversión de los samaritanos (Hechos 8:5-17), el etíope (Hechos 8:29-39) y Saulo (Hechos 9:1-18)?

4. El pasaje de la Escritura mencionado anteriormente (Romanos 5:8-10), habla sobre la reconciliación con Dios. Discuta con el grupo lo que esto significa.

5. Discuta la idea del nuevo nacimiento. ¿Cuáles fueron los cambios inmediatos que usted experimentó al nacer de Dios?

Cediendo al Espíritu

Los miembros del grupo pueden forman parejas con quienes se sientan más cómodos para compartir. Tome un momento para recordarles el Pacto de Grupo, particularmente la declaración sobre la confidencialidad. Ellos pueden practicar juntos la memorización de la Escritura clave de la semana. Luego pueden discutir cualquier pensamiento de relevancia personal por el cual quisieran que el compañero les ayude a orar. Y concluyen ese tiempo de conversación orando el uno por el otro. Esté pendiente a la dirección del Espíritu Santo en el uso de los dones espirituales. Si siente compartir algo de esta manera, pídale al líder de grupo que vaya y sea testigo de lo que se diga. Esto es para proveer un testimonio confiable a todos los involucrados.

Semana 4

VIVIENDO POR LA FE

Semana 4

Día 1

Redimidos por la sangre

DECLARACIÓN DE FE

"Creemos….

Que la justificación, la regeneración y el nuevo nacimiento se efectúan por fe en la sangre de Jesucristo".

Palabras para guardar en su corazón

En quien tenemos redención por su sangre, el perdón de pecados según las riquezas de su gracia. (Efesios 1:7)

Sentando las bases

Hemos discutido el significado de la justificación y la regeneración, ambas son acciones de Dios. No nos justificamos a nosotros mismos ni tampoco nos podemos regenerar. La justificación es el perdón que Dios hace **por** nosotros, y la regeneración es la nueva vida que Dios pone **en** nosotros. Esta semana discutiremos acerda de la **fe** y la **sangre de Jesús**. La justificación y la regeneración son dones que por gracia nos son sido dados cuando confesamos nuestra fe en el sacrificio expiatorio de Jesús. El apóstol Pablo declara, "que si confesares con tu boca que Jesús es el Señor, y creyeres en tu corazón que Dios le levantó de los muertos, serás salvo" (Romanos 10:9).

En otras palabras, la fe cree en el evangelio de Jesucristo, confia en Dios y se compromete con Él por medio de un nuevo pacto. Hay que creer los datos del evangelio; pero es necesario ir más allá de la credulidad, porque hasta los demonios creen (Santiago 2:19). La salvación por la gracia incluye el acto de confiar en Dios con nuestra salvación y el compromiso de servirle. La salvación por la fe solamente significa que no somos capaces de obtener nuestra salvación por las buenas obras. Pablo escribe que "nos salvó, no por obras de justicia que nosotros hubiéramos hecho, sino por su misericordia" (Tito 3:5). Pablo añade, "porque por gracia sois salvos por medio de la fe; y esto no de vosotros, pues es don de Dios; no por obras, para que nadie se gloríe (Efesios 2:8, 9).

En este sentido, la sangre de Jesús representa toda la vida y muerte de Jesús, quien se entregó por la humanidad. Pablo describió el sacrifició de Jesús, cuando dijo:

> El cual, siendo en forma de Dios, no estimó el ser igual a Dios como cosa a que aferrarse, sino que se despojó a sí mismo, tomando forma de siervo, hecho semejante a los hombres;

> y estando en la condición de hombre, se humilló a sí mismo, haciéndose obediente hasta la muerte, y muerte de cruz. (Filipenses 2:6-8)

Toda la misión de Jesús fue un acto de servicio sacrificado que contribuye a nuestra salvación. Él se humilló para nacer como humano. Él padeció de hambre, frío, rechazo y dolor. Él sufrió los ataques de la tentación, pero vivió una vida sin pecado. Al final, Él entregó Su vida por nosotros en la cruz. Él es el "...Cordero que fue inmolado desde el principio del mundo" (Apocalipsis 13:8).

Escudriñando las Escrituras

Lea Lucas 22:19, 20

> Y tomó el pan y dio gracias, y lo partió y les dio, diciendo: Esto es mi cuerpo, que por vosotros es dado; haced esto en memoria de mí. De igual manera, después que hubo cenado, tomó la copa, diciendo: Esta copa es el nuevo pacto en mi sangre, que por vosotros se derrama.

Lea 1 Pedro 1:18, 19

> Sabiendo que fuisteis rescatados de vuestra vana manera de vivir, la cual recibisteis de vuestros padres, no con cosas corruptibles, como oro o plata, sino con la sangre preciosa de Cristo, como de un cordero sin mancha y sin contaminación.

Responda a las siguientes pregutnas:

1. ¿Por qué se nos pide que consumamos el cuerpo y la sangre de Jesús?

2. En el Antiguo Testamento, el primogénito era redimido con plata. ¿Por qué no podemos nosotros pagar una cuota y ser salvos?

3. ¿Qué significa que Cristo "estaba sin mancha y sin contaminación"?

Cediendo al Espíritu

—Saber—

La historia de la Pascua que se encuentra en el Antiguo Testamento (Éxodo 12) fue una predicción de la muerte de Jesús. Ellos preparon con prisa y temor la cena. Esta cena no era una ordinaria; era la Pascua del Señor. El Señor les había dicho que pasaría esa noche a destruir a cada primogénito de Egipto. Para salvar a los israelitas, ellos debían seguir las instrucciones de Moisés al pie de la letra. Ellos debían matar un cordero, sin romper ninguno de sus huesos, y debían regar su sangre en los dinteles de las puertas. "Y veré la sangre y pasaré de vosotros", les prometió el Señor. Y a la medianoche el Señor pasó tal y como les había avisado, y sólo los israelitas fueron salvos. A la mañana siguiente, mientras los egipcios estaban de duelo por la muerte de sus primogénitos, Dios sacó a Su pueblo de la esclavitud; y ellos se dirigieron a la tierra prometida, después de haber sido salvos por la sangre del cordero (Éxodo 12:1-51).

El éxodo de Egipto es el modelo profético de la salvación de Dios que incluye el acto de la salvación que ocurriera siglos después. A la orilla del río Jordán, al acercarse Jesús de Nazaret, escuchamos la proclamación de Juan el Bautista que decía, "He aquí el Cordero de Dios, que quita el pecado del mundo" (Juan 1:29).

—Ser—

En el libro de Apocalipsis, la gran multitud ante el trono de Dios había "lavado sus ropas, y las [habían] emblanquecido en la sangre del Cordero" (Apocalipsis 7:14). Pedro dijo que no hemos sido redimidos con oro y plata, sino "con la sangre preciosa de Cristo, como de un cordero sin mancha y sin contaminación" (1 Pedro 1:19). Nuestra salvación no se obtiene mediante buenas obras sino mediante la fe en la sangre del cordero que fue inmolado (Romanos 3:23-25). En el libro de Apocalipsis hay una clara distinción entre el pueblo de Dios y el pueblo del mundo que adoraba el poder y las riquezas de la "bestia". ¿Habrá alguna distinción hoy entre los cristianos y los incrédulos? ¿Son nuestros valores diferentes? ¿Usamos el dinero de manera diferente? ¿Tratamos a los demás con respeto? ¿Ayudamos al necesitado?

—Hacer—

Si usted fue probado por ser cristiano, ¿cuál sería la evidencia usada para demostrar que usted es creyente? Luego de pensar sobre esta pregunta por algunos minutos, haga una lista de cómo desea que su vida cambie para mejorar.

Haga una oración

Padre celestial, gracias por amar al mundo de tal manera que enviaste a Tu Hijo para ser nuestro Salvador. Señor Jesús, gracias por el profundo sacrificio que hiciste al hacerte hombre, vivir entre nosotros y morir por nosotros. Me arrepiento por las veces en que no aprecié Tu gracia. Mi oración es que me ayudes a ser más consciente de la magnitud de Tu amor y que me ayudes a compartir este amor con otros. Te pido todas estas cosas en el nombre de Jesús. Amén.

Día 2

La gracia de Dios

Escudriñando la Escritura

Lea Efesios 2:8, 9

> Porque por gracia sois salvos por medio de la fe; y esto no de vosotros, pues es don de Dios; no por obras, para que nadie se gloríe.

Responda a las siguientes preguntas:

1. ¿Cómo la gracia y la fe trabajan juntas? ¿Habrá gracia donde no hay fe?

2. ¿Es el don algo que se gana o es dado gratuitamente?

3. ¿Cuáles son algunas maneras en que la gente trata de ganarse el favor de Dios?

Cediendo Al Espíritu

—Saber—

La palabra "gracia" significa "favor", y teológicamente, la gracia es el favor gratuito e inmerecido de Dios que nos muestra al perdonar nuestros pecados y darnos Sus bendiciones. Como aprendiéramos anteriormente, todos hemos pecado, y ninguno es digno del favor de Dios. Sin Cristo, toda la humanidad está alienada de Dios y bajo la penalidad de la muerte. No obstante, a causa de la obra de Cristo, Dios actúa diferente hacia la humanidad y le extiende Su gracia.

Al hablar de la gracia, casi siempre es dentro del contexto de la experiencia de conversión. Pensamos en las palabras de Pablo, "Porque por gracia sois salvos por medio de la fe" (Efesios 2:8). Sin embargo, la gracia de Dios trabaja en todas las etapas de la vida: (1) antes de escuchar el evangelio, (2) cuando recibimos el evangelio y nos arrepentimos y, (3) después de hacernos creyentes. Primeramente, es la gracia de Dios la que nos hace volver a Dios. Sin la gracia de Dios, no pudiéramos responder a las buenas nuevas de Jesús y arrepentirnos de nuestros pecados. Antes de conocer a Cristo, estábamos muertos espiritualmente y no teníamos la habilidad de conocer o amar a Dios. Ni siquiera teníamos la capacidad de arrepentirnos. La gracia preveniente (o gracia precediente) es el favor que Dios nos demuestra al despertar nuestra consciencia y darnos el poder para aceptar el evangelio y arrepentirnos de nuestros pecados.

Segundo, si cooperamos con Dios al punto de creer en el Señor y nos arrepentimos de nuestros pecados, entonces la gracia de Dios se aplica en nosotros en forma de perdón. Su gracia salvadora abre las puertas de las bendiciones divinas, y somos justificados, nacidos de nuevos y recibimos vida eterna a través del Espíritu Santo. La gracia produce una transformación real en el alma. Y bajo el contexto de la regeneración, la gracia es la fuerza salvífica de Dios que está disponible para todo aquel que cree.

Tercero, la gracia de Dios nos da la habilidad de servir a Dios fielmente. Mientras permanezcamos en Cristo y pongamos solo en Él nuestra confianza para recibir justicia, viviremos en el favor de Dios. Con relación a su propio servicio cristiano, Pablo escribe, "Pero por la gracia de Dios soy lo que soy; y su gracia no ha sido en vano para conmigo, antes he trabajado más que todos ellos; pero no yo, sino la gracia de Dios conmigo" (1 Corintios 15:10). Aunque Pablo reclama haber trabajado más arduo que los demás apóstoles, él admite que todo su trabajo se logra a través de la gracia, y no por sus propias fuerzas. Más adelante, Pablo revela que Dios le ha dado seguridad en cuanto al poder de la gracia. El Señor le dijo a Pablo, "mi poder se perfecciona en la debilidad" (2 Corintios 12:9). Aun después de hacernos cristianos, no obtenemos el favor de Dios por nuestras buenas obras. Claro, Dios se agrada de nuestras buenas obras y Él espera que vivamos fielmente en compañerismo con Él, pero cuando nos acepta es porque nuestra fe descansa en Jesucristo como nuestra justicia.

—Ser—

Si somos salvos por la gracia, ¿habrá alguna importancia si seguimos pecando después de hacernos cristianos? El apóstol Pablo presentó esto haciendo esta pregunta, "¿Perseveraremos en el pecado para que la gracia abunde?" Su respuesta es un rotundo ¡NO!, y sigue escribiendo, "en ninguna manera. Porque los que hemos muerto al pecado, ¿cómo viviremos aún en él?" (Romanos 6:1, 2). Juan Wesley explica que uno de los elementos de la gracia es el poder de Dios para liberarnos del horrible dominio del pecado. De manera que, la gracia es un infusión que produce un cambio verdadero e inherente en el alma humana. La gracia que recibimos por medio del nuevo nacimiento es la fuerza que Dios ha hecho accequible a todos los que creen. Este es el empoderamiento del Espíritu Santo para que obedezcamos a Cristo.

—Hacer—

Lea el siguiente pasaje de la Escritura y medite en ello por unos minutos. Considere el concepto de la gracia abundante de Dios que interactúa con la responsabilidad cristiana de amar a Dios y también al prójimo.

> Porque la gracia de Dios se ha manifestado para salvación a todos los hombres, enseñándonos que, renunciando a la impiedad y a los deseos mundanos, vivamos en este siglo sobria, justa y piadosamente, aguardando la esperanza bienaventurada y la manifestación gloriosa de nuestro gran Dios y Salvador Jesucristo, quien se dio a sí mismo por nosotros para redimirnos de toda iniquidad y purificar para sí un pueblo propio, celoso de buenas obras (Tito 2:11-14).

Haga una oración

Dios todopoderoso y Padre celestial, vengo ante Ti necesitado de Tu gracia. Tu gracia es siempre suficiente para todo lo que necesito. En mi debilidad, necesito Tu gracia. En mis fracasos, necesito Tu gracia. Aun en mis éxitos, necesito Tu gracia para evitar que me exalte a mí mismo. Todo mis logros es por Tu gracia, porque Tu creaste en mí todo lo que es bueno. Mientras espero Tu regreso, Te pido que sigas derramando Tu gracia en mi vida para así yo bendecir a mi familia, a mi iglesia y al mundo que me rodea. A Ti te doy gracias. Amén.

Día 3

Justificados por la fe

Escudriñando la Escritura

Lea Romanos 4:16-22

> Por tanto, es por fe, para que sea por gracia, a fin de que la promesa sea firme para toda su descendencia; no solamente para la que es de la ley, sino también para la que es de la fe de Abraham, el cual es padre de todos nosotros (como está escrito: Te he puesto por padre de muchas gentes delante de Dios, a quien creyó, el cual da vida a los muertos, y llama las cosas que no son, como si fuesen. El creyó en esperanza contra esperanza, para llegar a ser padre de muchas gentes, conforme a lo que se le había dicho: Así será tu descendencia. Y no se debilitó en la fe al considerar su cuerpo, que estaba ya como muerto (siendo de casi cien años, o la esterilidad de la matriz de Sara. Tampoco dudó, por incredulidad, de la promesa de Dios, sino que se fortaleció en fe, dando gloria a Dios, plenamente convencido de que era también poderoso para hacer todo lo que había prometido; por lo cual también su fe le fue contada por justicia.

Responda a las siguientes preguntas:

1. Explique la conexión que hace Pablo entre la "fe" y la "gracia" en este pasaje.

2. ¿Cuál fue la promesa que Dios le hizo a Abraham (véase Génesis 12)?

3. ¿En qué sentido estaban “muertos” Abraham y Sara?

4. Comente sobre la frase (tomada de Génesis 15:6) de que la fe de Abraham “le fue contada por justicia”.

Cediendo al Espíritu

—Saber—

Toda esta semana estaremos estudiando la creencia de que "la justificación, la regeneración y el nuevo nacimiento vienen por la fe en la sangre de Jesús". La lección de hoy se enfoca especialmente en la frase "forjado por la fe". La palabra "forjar" [en este sentido] no se usa mucho hoy en día a menos que estemos forjando algo con hierro. Esto significa "trabajado, logrado, alcanzado o producido". De manera que nuestra Declaración de Fe declara que todos los beneficios y aspectos de nuestra fe y nuestra salvación están acompañados por medio de la fe en Dios.

La fe salvadora incluye nuestra creencia en la verdad del evangelio (el nacimiento, muerte y resu- rrección de Jesús), y también incluye el acto de confiar en Dios para nuestra salvación. Tenemos confianza en la misericordia de Dios a través de Jesucristo.

El énfasis de la salvación por la fe fue renovado durante la reformación protestante (dirigida por Martín Lutero y Juan Calvino). Sin embargo, esto no es un nuevo concepto. De hecho, el apóstol Pablo nos regresa al personaje de Abraham en el Antiguo Testamento para demostrar que la fe siempre ha sido lo que Dios busca, y que ésta es necesaria para tener una relación con Dios. Pablo declara, "Porque ¿qué dice la Escritura? Creyó Abraham a Dios, y le fue contado por justicia" (Romanos 4:3).

En la época del Nuevo Testamento, el pueblo judío estaba preocupado de todos los detalles de las leyes del pacto antiguo. Ellos esperaban obtener justicia al obedecer estrictamente los mandamientos de Dios. El punto de Jesús (y que más adelante

Pablo señala) es que todos somos culpables de desobediencia, y cada cual está condenado por el pecado. Por lo tanto, la justicia no puede ser obtenida por medio de nuestras obras. Dios quiere que nuestra fe solo sea en Él. Dios desea nuestra lealtad y confianza. Si le damos nuestra fe, Él nos da justicia. Sobre esto, Pablo escribió lo siguiente:

> **¿Dónde, pues, está la jactancia? Queda excluida. ¿Por cuál ley? ¿Por la de las obras? No, sino por la ley de la fe. Concluimos, pues, que el hombre es justificado por fe sin las obras de la ley.** (Romanos 3:27, 28)

—Ser—

Jesús compartió la historia de dos hombres que fueron al templo a orar. La respuesta de Dios a sus oraciones nos da luz a nuestra discusión de la justificación por la fe:

> Dos hombres subieron al templo a orar: uno era fariseo, y el otro publicano. El fariseo, puesto en pie, oraba consigo mismo de esta manera: Dios, te doy gracias porque no soy como los otros hombres, ladrones, injustos, adúlteros, ni aun como este publicano; ayuno dos veces a la semana, doy diezmos de todo lo que gano. Mas el publicano, estando lejos, no quería ni aun alzar los ojos al cielo, sino que se golpeaba el pecho, diciendo: Dios, sé propicio a mí, pecador. Os digo que éste descendió a su casa justificado antes que el otro; porque cualquiera que se enaltece, será humillado; y el que se humilla será enaltecido. (Lucas 18:10-14)

¿A cuál de estos hombres nos parecemos? ¿Acaso somos como el fariseo, altivos por nuestros logros y nuestra devoción religiosa? O, ¿somos como el cobrador de impuestos, que confiamos completamente en la misericordia de Dios, la humildad y el arrepentimiento?

—Hacer—

Para apoyar su compromiso a la idea de la justificación solo por la fe, el apóstol Pablo nos hace una lista de sus logros religiosos, y luego los considera como "basura" al compararlos con la justicia de Dios. Pablo escribió,

> Aunque yo tengo también de qué confiar en la carne. Si alguno piensa que tiene de qué confiar en la carne, yo más: circuncidado al octavo día, del linaje de Israel, de la tribu de Benjamín, hebreo de hebreos; en cuanto a la ley, fariseo; en cuanto a celo, perseguidor de la iglesia; en cuanto a la justicia que es en la ley, irreprensible. Pero cuantas cosas eran para mí ganancia, las he estimado como pérdida por amor de Cristo. Y ciertamente, aun estimo todas las cosas como pérdida por la excelencia del conocimiento de Cristo Jesús, mi Señor, por amor del cual lo he perdido todo, y lo tengo por basura, para ganar a Cristo, y ser hallado en él, no teniendo mi propia justicia, que es por la ley, sino la que es por la fe de Cristo, la justicia que es de Dios por la fe. (Filipenses 3:4-9)

Después de meditar por unos minutos en la lista de las obras religiosas de Pablo, haga su propia lista de obras buenas. Luego, escriba la palabra "basura" sobre cada una, y confiese que es la fe en Jesucrsito lo que arregla su relación con Dios.

Haga una oración

Señor Dios, deseo ser fiel y obediente a todos Tus mandamientos. Mi deseo es amarte a Ti y a mi prójimo, tal y como Tú lo ordenaste. Sin embargo, entiendo que esta obediencia no me **hace** justo. Ese cambio es una respuesta de agradecimiento por la justicia que Tú me has dado por la gracia mediante la fe. Mi justicia viene por el mérito de Jesucristo, no por mis propias obras. Te doy gracias porque puedo descansar en la gracia de Cristo. En el nombre de Jesús. Amén.

Día 4

Vida eterna

Escudriñando las Escrituras

Lea Romanos 6:23

> Porque la paga del pecado es muerte, mas la dádiva de Dios es **vida eterna** en Cristo Jesús Señor nuestro.

Lea 1 Juan 5:11-13

> Y este es el testimonio: que Dios nos ha dado **vida eterna**; y esta vida está en su Hijo. El que tiene al Hijo, tiene la vida; el que no tiene al Hijo de Dios no tiene la vida. Estas cosas os he escrito a vosotros que creéis en el nombre del Hijo de Dios, para que sepáis que tenéis **vida eterna**, y para que creáis en el nombre del Hijo de Dios.

Responda a las siguientes preguntas:

1. ¿Por qué Pablo usó la palabra "paga" para referirse a la muerte, y luego usó la palabra "dádiva" para referirse a la vida eterna?

2. ¿Dónde encontramos vida eterna?

3. ¿Podemos "saber" cómo tener vida eterna?

4. Si tenemos vida eterna, ¿qué debemos "seguir" haciendo?

Cediendo al Espíritu

—Saber—

Adán y Eva fueron creados a la imagen de Dios y ellos disfrutaron de acceso a Dios sin obstáculos. Ellos estaba completamente vivos espiritualmente. Sin embargo, al pecar cayeron bajo la sentencia de muerte. La muerte espiritual fue inmediata, y ellos perdieron la habilidad de relacionarse con Dios. Nosotros heredamos esa muerte espiritual de Adán.

Sin Jesucristo estamos espiritualmente muertos en nuestras transgresiones y pecados (Efesios 2:5; Colosenses 2:13). Sin embargo, cuando creemos en Jesús y nos arrepentimos de nuestros pecados, el Espíritu Santo nos da vida espiritual. Como aprendiéramos anteriomente, la acción de Dios de darnos nueva vida se llama "regeneración". Podemos decir que la vida espiritual está centrada en Jesús porque Jesús es vida. Antes de resucitar a Lázaro, Jesús le dijo a Marta: "Yo soy la resurrección y la vida; el que cree en mí, aunque esté muerto, vivirá. Y todo aquel que vive y cree en mí, no morirá eternamente" (Juan 11:25, 26).

Cuando la Biblia habla del don de la vida eterna, se refiere a la duración de la vida y también a la cali- dad de la vida. En cuanto a la duración de la vida, la "vida eterna" que Jesús da (Juan 3:16) es por la eternidad. Aunque nuestros cuerpos mueran, seguiremos viendo como espíritu hasta la resurrección, cuando nuestros cuerpos se levanten y tomen una nueva forma llamada "cuerpo espiritual" (1 Corintios 15:44).

En cuanto a la calidad de vida, el Nuevo Testamento enfatiza que vivimos "entre los tiempos", esto es, entre lo que se conoce como la "era presente" y lo que se llama la "era venidera". La era venidera es el tiempo cuando Jesús volverá a la tierra para establecer Su reino completamente. En la era venidera, Jesús el Mesías reinará sobre toda la tierra, y toda la humanidad tendré acceso sin obstrucción a la pre- sencia de Dios, tal y como Adán y Eva lo experimentaron en el jardín del Edén. A pesar de que vivimos en la "era presente", Jesús nos ha dado Su Espíritu Santo y nos ha hecho vivos espiritualmente. Por lo tanto, la "era venidera" en cierto sentido está en el presente. Las sanidades y los milagros de Jesús fueron señales de la era que vendrá. El amor de Dios en nuestro corazón también es una señal del mundo que vendrá. En resumen, la vida de la era por venir ya Cristo lo ha provisto parcialmente para el creyente.

—Ser—

En Su camino de Jerusalén a Galilea, Jesús se detuvo junto al pozo de Jacob en la región de Samaria. Una mujer samaritana llegó al pozo, y Jesús le pidió algo de tomar. Ella estaba sorprendida de que Jesús (siendo judío) le estuviese hablando aunque ella era samaritana, porque los judíos y samaritanos eran enemigos. La historia continúa diciendo:

> Respondió Jesús y le dijo: Si conocieras el don de Dios, y quién es el que te dice: Dame de beber; tú le pedirías, y él te daría agua viva. La mujer le dijo: Se**ñor, no tienes con qué sacarla, y el pozo es hondo. ¿De dónde, pues, tienes el agua viva? ¿Acaso eres tú mayor que nuestro padre Jacob, que nos dio este pozo, del cual bebieron él, sus hijos y sus ganados? Respondió Jesús y le dijo: Cualquiera que bebiere de esta agua, volverá a tener sed; mas el que bebiere del agua que yo le daré, no tendrá sed jamás; sino que el agua que yo le daré será en él una fuente de agua que salte para vida eterna.** (Juan 4:10-14)

La mujer samaritana creyó en Jesús aquel mismo día, y también trajo a otros a Jesús (Juan 4:39-41). La vida de esta mujer y la vida de su familia y amigos fueron transformadas por su encuentro con Jesús.

—Hacer—

¿Ha tenido usted un encuentro con Jesús como el que tuvo la mujer samaritana? Ella recibió las palabras de Jesús como "agua viva", que saltó en ella como "fuente" de vida eterna. ¿Ha transformado Jesús su vida de esta manera? Nuestro compañerismo con Jesús es continuo. Propóngase tener un encuentro con Jesús cada día por medio de la oración, la adoración y el estudio de la Biblia. Y al igual que la mujer samaritana, comparta las buenas nuevas de Jesús con otras personas.

Haga una oración

Padre celestial, te doy gracias porque así como le diste vida eterna a la samaritana, me has dado vida. Yo no Te buscaba, pero Tú viniste a buscarme. Te alabo por Tu gracia y misericordia. Aprecio la fuente de agua viva que salta en mi corazón y produce vida eterna. Por favor ayúdame a tomar ventaja de las oportunidades que Tú pones en mi camino para disfrutar del compañerismo contigo y tomar diaria- mente del agua de vida que Tú ofreces. Yo quiero recibir todo lo que tienes para mí, y no quiero rete- ner nada que Te pertenezca. Te doy gracias por Tu gran amor. En el nombre de Jesús. Amén.

Día 5

Viviendo por la fe

Escudriñando las Escrituras

Lea Hebreos 10:38 y 11:6-8

Mas el justo vivirá por fe; y si retrocediere, no agradará a mi alma.

Pero sin fe es imposible agradar a Dios; porque es necesario que el que se acerca a Dios crea que le hay, y que es galardonador de los que le buscan. Por la fe Noé, cuando fue advertido por Dios acerca de cosas que aún no se veían, con temor preparó el arca en que su casa se salvase; y por esa fe condenó al mundo, y fue hecho heredero de la justicia que viene por la fe. Por la fe Abraham, siendo llamado, obedeció para salir al lugar que había de recibir como herencia; y salió sin saber a dónde iba.

Responda a las siguientes preguntas:

1. ¿Cómo describiría el contraste entre vivir por la fe y retroceder?

2. ¿Qué es necesario para agradar a Dios?

3. Noé tenía fe en Dios. ¿Qué hizo esta fe que él hiciera?

4. Abraham también tenía fe en Dios. ¿Cuál es la conexión entre la fe y la obediencia?

Cediendo al Espíritu

—Saber—

Abraham es llamado el "padre de los fieles", y nosotros somos herederos de la fe de este gran hombre de Dios. La fe de Abraham fue probada varias veces, y él aprendió a vivir por la fe, a confiar en Dios, a orar y a perseverar ante los obstáculos. El apóstol Pablo comendó la fe Abraham cuando dijo que él "creyó a Dios, y le fue contado por justicia" (Romanos 4:3). Si tenemos fe en Cristo, somos hijos de Abraham (Gálatas 3:7). Por lo que, Abraham es nuestro ejemplo de fe. Y al igual que Abraham, nosotros somos justificados por la fe.

En su primer encuentro con Dios, Abraham tuvo que caminar por la fe. Dios le pidió que dejara todas las seguridades de la vida para ir a una tierra que jamás había visto. Por la fe, él obedeció a Dios, sin saber dónde iba, pero creyendo en la promesa de Dios. A todos nos gusta aferrarnos a las cosas que nos brindan seguridad, pero Dios quiere enseñarnos que la seguridad se encuentra en Él. "Porque por fe andamos, no por vista". (2 Corintios 5:7)

Entonces, cuando Abraham llegó a la tierra prometida, su fe fue probada con dos obstáculos: (1) La tierra estaba habitada por enemigos. (2) Su camino enfrentó dificultades. La prueba de la fe de Abraham es también la prueba actual de nuestra fe. Nuestra profesión de fe será probada. Aun cuando nos encontramos en el centro de la voluntad de Dios, enfrentaremos pruebas y dificultades. El apóstol Santiago nos dice, "...tened por sumo gozo cuando os halléis en diversas pruebas, sabiendo que la prueba de vuestra fe produce paciencia" (véase Santiago 1:2, 3).

—Ser—

Abraham y otros después de él, nos han enseñado a confiar en Dios, aun cuando las circunstancias parecen imposibles. Ellos nos han dado una herencia de fe —una fe que ve lo invisible, una fe que logra lo imposible, una fe que obedece lo incomprensible y una fe que soporta lo inaguantable. Al igual que nuestros ancianos, debemos ser fuertes en la fe.

La prueba de la fe es un tema principal en el libro de los Hebreos. Su escritor expresó una gran verdad cuando dijo, "pero sin fe es imposible agradar a Dios" (Hebreos 11:6). La fe es la llave que desata las glorias del cielo. Dios quiere que creamos en Él; pero con frecuencia olvidamos creer y después nos encontramos buscando alguna evidencia visible. La fe no es una creencia ambigua o un tipo de auto-confianza. La fe consiste en una plena confianza en Dios —confianza en Su amor, poder y promesa de que estaría con nosotros hasta el fin del mundo (Mateo 28:20).

—Hacer—

¿Le ha dirigido Dios en alguna situación difícil? ¿Ha encontrado obstáculos en su camino? ¿Le resulta difícil amar a algunas personas? ¿Ha descubierto debilidades en su propia vida? Entonces, ore y crea que Dios le ayudará. Si usted puede creer, todas las cosas les serán posibles (Marcos 9:23). Usted sólo necesita un poquito de fe —fe como un grano de mostaza. Porque si usted tiene fe del tamaño de un grano de mostaza, usted puede decirle a la montaña, "quítate y échate en el mar", y será hecho. ¡Y NADA será imposible para usted! (Véase 17:20).

Si usted puede creer, verá la gloria de Dios.

Haga una oración en sus propias palabras

Usted puede escribir su oración en el espacio provisto a continuación.

Discusión de grupo

Escritura clave —Éxodo 15:1-18

(Cántico de Moisés)

> Entonces cantó Moisés y los hijos de Israel este **cántico a Jehová, y dijeron:** Cantaré yo a Jehová, porque se ha magnificado grandemente; ha echado en el mar al caballo y al jinete. Jehová es mi fortaleza y mi cántico, y ha sido mi **salvación**. Este es mi Dios, y lo alabaré; Dios de mi padre, y lo enalteceré... Condujiste en tu misericordia a este pueblo que redimiste; lo llevaste con tu poder a tu santa morada... Jehová reinará eternamente y para siempre.

Apertura —Este es un tiempo de compañerismo donde cada cual puede compartir algo de su vida.

Oración —Pídale al Señor que manifieste Su presencia y comience el proceso de transformación a la semejanza de Cristo en cada participante.

Testimonio —Permítales a dos o tres integrantes del grupo que testifiquen cómo Dios ha obrado en sus vidas, ya sea por medio de encuentros diarios provistos a través de este estudio o de otra manera.

Preguntas de discusión:

1. ¿Por qué Moisés y el pueblo de Israel cantaron este cántico?

2. En el libro de Apocalipsis, escuchamos del pueblo de Dios en el cielo: "Y cantan el cántico de Moisés siervo de Dios, y el cántico del Cordero, diciendo: Grandes y maravillosas son tus obras, Señor Dios Todopoderoso; justos y verdaderos son tus caminos, Rey de los santos" (Apocalipsis 15:3). ¿Cómo es el cántico de Moisés (Éxodo 15) similar al cántico del pueblo (Apocalipsis 7:9-12)?

3. La Biblia usa frecuentemente la palabra "salvación" para describir todo lo que Dios ha hecho por nosotros. Permítale a cada persona en el grupo que explique lo que significa que Dios sea nuestra "salvación".

4. En los libros de Éxodo y Apocalipsis encontramos que el pueblo de Dios canta. Discuta el rol del cántico y la adoración en la vida cristiana.

5. El cántico de Moisé incluye la declaración que "Jehová reinará eternamente y para siempre". Discuta la manera en que nuestra expectativa del reino venidero de Dios puede impactar nuestra vida de fe. ¿Cómo nuestra creencia del retorno de Jesús impacta nuestras vidas?

Cediendo al Espíritu

Los miembros del grupo pueden forman parejas con quienes se sientan más cómodos para compartir. Tome un momento para recordarles el Pacto de Grupo, particularmente la declaración sobre la confidencialidad. Ellos pueden practicar juntos la memorización de la Escritura clave de la semana. Luego pueden discutir cualquier pensamiento de relevancia personal por el cual quisieran que el compañero les ayude a orar. Y concluyen ese tiempo de conversación orando el uno por el otro. Esté pendiente a la dirección del Espíritu Santo en el uso de los dones espirituales. Si siente compartir algo de esta manera, pídale al líder de grupo que vaya y sea testigo de lo que se diga. Esto es para proveer un testimonio confiable a todos los involucrados.

Esta es la lección final de este libro; por lo tanto, debe tomar un momento para llevar a la conclusión las últimas semanas de estudio. Todos están invitados a continuar la jornada al explorar el siguiente libro, titulado, *Un pueblo santificado*, el cual le enseñará en un idioma claro y sencillo lo que significa la santificación y la santidad.

DECLARACIÓN DE FE DE LA IGLESIA DE DIOS

Creemos:

1. En la inspiración verbal de la Biblia.
2. En un Dios que existe eternamente en tres personas, a saber: el Padre, el Hijo y el Espíritu Santo.
3. Que Jesucristo es el unigénito del Padre, concebido del Espíritu Santo y nacido de la virgen María. Que fue crucificado, sepultado y resucitó de entre los muertos. Que ascendió al cielo y está hoy a la diestra del Padre como nuestro Intercesor.
4. Que todos han pecado y han sido destituidos de la gloria de Dios, y que el arrepentimiento es ordenado por Dios para todos y necesario para el perdón de los pecados.
5. Que la justificación, la regeneración y el nuevo nacimiento se efectúan por fe en la sangre de Jesucristo.
6. En la santificación, siguiente al nuevo nacimiento, por fe en la sangre de Jesucristo, por medio de la Palabra y por el Espíritu Santo.
7. Que la santidad es la norma de vida, de Dios, para su pueblo.
8. En el bautismo con el Espíritu Santo, subsecuente a la limpieza del corazón.
9. En hablar en otras lenguas, como el Espíritu dirija a la persona, lo cual es la evidencia inicial del bautismo en el Espíritu Santo.

10. En el bautismo en agua por inmersión, y que todos los que se arrepienten deben ser bautizados en el nombre del Padre, del Hijo y del Espíritu Santo.
11. Que la sanidad divina es provista para todos en la expiación.
12. En la cena del Señor y el lavatorio de los pies de los santos.
13. En la segunda venida de Jesús antes del milenio. Primero, a resucitar a los justos muertos y arrebatar a los santos vivos hacia Él en el aire. Segundo, a reinar en la tierra por mil años.
14. En la resurrección corporal; vida eterna para los justos y castigo eterno para los inicuos.

LECTURAS ADICIONALES

Arrington, French L., *Christian Doctrine: A Pentecostal Perspective* (3 vols.; Cleveland, TN: Pathway, 1992).

Arrington, French L., *Exploring the Declaration of Faith* (Cleveland, TN: Pathway Press, 2003).

Collins, Kenneth J., *The Scripture Way of Salvation: The Heart of John Wesley's Theology* (Nashville, TN: Abingdon Press, 1997).

Gause, R.H., *Living in the Spirit: The Way of Salvation* (Cleveland, TN: CPT Press, Rev. and expanded edn, 2009).

Made in the USA
Monee, IL
19 October 2026

66035574R00105